法务管理学

林健民 ◎ 编著

云南大学出版社
YUNNAN UNIVERSITY PRESS

图书在版编目（CIP）数据

法务管理学 / 林健民编著. -- 昆明：云南大学出版社，2024

ISBN 978-7-5482-4595-7

Ⅰ. ①法… Ⅱ. ①林… Ⅲ. ①企业法－研究－中国 Ⅳ. ① D922.291.914

中国国家版本馆 CIP 数据核字（2023）第 179021 号

法务管理学
FAWU GUANLIXUE

作　　者：林健民
责任编辑：万　斌
特约策划：陈长明
封面设计：汲文天下

出版发行：云南大学出版社
印　　装：昆明德鲁帕数码图文有限公司
开　　本：880 mm×1230 mm　1/32
印　　张：9.125
字　　数：196 千
版　　次：2024 年 1 月第 1 版
印　　次：2024 年 1 月第 1 次印刷
书　　号：ISBN 978-7-5482-4595-7
定　　价：79.00 元

社　　址：昆明市一二一大街 182 号（云南大学东陆校区英华园内）
邮　　编：650091
发行电话：0871-65033244　65031071
网　　址：http://www.ynup.com
E - mail：market@ynup.com

若发现本书有印装质量问题，请与印厂联系调换，联系电话：0871-67335884。

目录 ▶ CONTENTS

第一部分 法务管理的研究背景、目的及内容
  一、研究背景 /2
  二、研究目的 /9
  三、研究内容 /11

第二部分 法务管理
第一章 管理学简述 / 17
  一、管理的含义 /17
  二、管理的特征 /21
  三、管理的职能 /21
  四、管理的性质 /23
  五、管理法则 /27
第二章 法务管理学总论 / 30
  一、社会律师 /30
  二、法务管理的产生与发展 /37
  三、我国法务的发展现状 /42
  四、法务工作制度建设 /44

五、法务行业协会 /46

　　六、法务工作 /47

　　七、法律顾问向法务角色转换及职责向职能的转变 /52

　　八、法务的常规分类和企业管理流程的分类比较 /54

　　九、法务工作面临的问题 /57

　　十、新时期法务的定性、定位和价值 /58

第三章　法务战略管理与决策支撑 / 64

　　一、决策的含义及基本内容 /64

　　二、战略管理环境要素与分析方法 /65

　　三、法务战略管理环境分析 /67

　　四、法务自身环境的认识和假定 /71

　　五、管理策略 /73

　　六、法务工作的专业化、规模化和品牌化 /74

　　七、总法务官的管理策略运用 /76

　　八、法务人员自我管理策略的运用技巧和方法 /78

第四章　法务的工作计划与目标管理 / 79

　　一、基本概念 /79

　　二、法务的工作计划和目标管理 /82

　　三、法务计划管理实例 /87

　　四、法务人员个人计划和目标管理 /97

第五章　法务信息管理 / 101

　　一、信息的基本概念 /101

　　二、信息在法务管理中的应用 /102

　　三、法务知识和信息管理 /103

四、法务绩效量化考核指标体系 /104

第六章　法务组织及文化 / 107

　　一、组织的基本概念 /107

　　二、法务管理组织架构 /110

　　三、法务管理管控模式及分析 /111

　　四、如何进行系统性重构 /113

　　五、组织文化 /115

　　六、营造依法治企的合规文化 /116

第七章　法务工作的领导和沟通协调 / 119

　　一、基本概念 /119

　　二、团队协调的基本要素 /123

　　三、法务团队有效的沟通协调方式 /123

　　四、法务管理氛围及其调整 /125

　　五、培养法务管理人员的团队意识 /127

第八章　法务人员的行为规范 / 128

　　一、律师执业行为规范的提出 /128

　　二、律师行为规范的价值要求 /131

　　三、律师的职业意识 /132

　　四、律师的职业技能 /132

　　五、律师的职业形象 /134

　　六、法务人员的类型划分和职业素养 /134

第三部分　法务业务的管理

第九章　企业制度与法务审核管理 / 141

一、管理制度的概念、特征、类型、内容、功能 /141

二、中国企业制度建设的现状及目前存在的问题 /142

三、制度文本形成的三种方法和程序 /144

四、制度管理 /145

五、制度制定 /147

六、规章制度的评价与改进 /151

第十章　法人治理结构 / 153

一、什么是公司治理结构 /153

二、公司治理结构的作用 /154

三、公司治理结构的选择 /154

四、法人治理结构的建立应当遵循的原则 /155

五、建立中国特色的党领导下的国企法人治理结构 /156

六、总法务官在法人治理结构中的地位及作用 /162

第十一章　合规管理 / 166

一、合规的概念与历史 /166

二、合规理论体系 /168

三、合规管理与法务管理的区别 /169

四、企业为什么需要合规管理 /170

五、企业合规管理的四个相关要素 /172

六、企业合规管控机制 /173

七、全球公司合规管理的趋势 /173

八、西门子公司的合规管理经验 /175

九、我国国有企业合规管理的差距 /178

　　十、我国民营企业的合规管理现状 /179

　　十一、中国企业面临的合规风险 /180

　　十二、中国企业合规管理的特点 /180

　　十三、中国企业合规管理的途径 /181

　　十四、中国企业合规治理的重点 /182

　　十五、关注反垄断与市场开放竞争性的合规管理 /183

第十二章　合同管理 / 189

　　一、概述 /189

　　二、建立合同管理的制度 /190

　　三、建立合同有效的管控机制 /191

　　四、采用先进的合同管理方式 /192

　　五、完善合同管理的体系 /192

　　六、采用信息化管理手段 /193

　　七、合同风险 /195

　　八、企业合同法律风险防范 /198

　　九、合同签订 /204

　　十、合同审查审批管理 /206

　　十一、合同履行管理 /208

　　十二、合同结算 /210

　　十三、合同登记 /210

　　十四、合同归档制度 /212

　　十五、合同评审 /212

　　十六、合同管理考核与奖罚 /213

十七、合同管理考核体系标准 /214

第十三章 法律风险管理 / 217

一、风险种类及相互之间的关系 /217

二、法律风险的定义和特点 /218

三、法律风险对企业有颠覆性的影响 /220

四、企业法律风险的分类 /221

五、企业法律风险评估 /222

六、企业法律风险应对 /224

七、企业风险管理总体框架 /227

八、法务核心转变——风险防控 /228

九、建立法律风险防控体系 /231

十、法律风险成本分析 /233

十一、企业法律风险损失预测和动态监控 /234

十二、加强监督与考核 /235

第十四章 法务与企业商标管理 / 242

一、企业商标管理的意义 /242

二、商标的特征 /244

三、商标的功能 /244

四、商标的价值 /246

五、商标的艺术价值和设计要求 /246

六、商标管理策略 /246

七、企业商标管理的法务需求 /248

八、法务参与管理商标的内容、职责及程序 /249

第十五章 外聘社会律师的管理 / 251

一、法务工作多样化产生法务和社会律师的合作要求 /251

二、法务与社会律师的不同 /252

三、法务与社会律师的分工与协作 /256

四、企业对外部社会律师的工作要求 /258

五、企业法务对外聘社会律师的期望 /259

六、外聘社会律师管理 /260

第四部分 法务管理的未来展望

第十六章 创新、未来和比较管理 / 266

一、创新管理的含义和内容 /266

二、未来管理与管理现代化 /267

三、未来法务 /268

四、比较管理的概念 /274

五、法务比较管理的方法和内容 /275

参考文献 / 281

第一部分
法务管理的研究背景、目的及内容

一、研究背景

企业管理是永恒的主题，也是经济活动中一个活跃的话题。近年来，各种管理理论大放异彩，企业管理培训班更是铺天盖地，出了不少名嘴和讲课大师。

在这个异彩纷呈的舞台上，财务管理自称是企业管理的核心，计划管理说它是企业管理的方向，人力资源管理说它是企业管理的动力，安全、健康、环保管理被称为是企业管理的要害，企业的很多职能部门都有自己的管理学，有自己的研究方向，有自己的职能和作用及发展愿景，它们扮演着不同但是非常重要的角色。唯独缺少法务管理这么一个角色、一个学科、一个分支、一个体系。

江平教授说："令人惋惜的是，即使在公司律师管理实务发达的西方，我尚没有看到一个系统的法务管理学体系，甚至就公司律师的实践和理论都还没有搭建起一个完整的研究框架。我想，如果不把公司律师管理上升到企业管理学和公司治理的高度，公司律师的发展就会遭遇瓶颈，而很难在法律职业方面三分天下。而缺少公司律师的发展，法律人的职业布局会很不全面。"

法务工作的重要性，在管理大师、企业总裁、知名人士的评价里有不同的看法。

习近平总书记在庆祝中国共产党成立95周年大会上指出："改革和法治如鸟之两翼、车之两轮。"这意味着经济与法治是社会发展中两个永恒的主题，作为上层建筑重要组成部分的法治，脱离经济基础将失去意义。同样地，离开法治，经济也将无法发展到更加公平和可持续的高级阶段。

美国通用电气公司原总裁杰克·韦尔奇曾说:"其实并不是GE的业务使我担心,使我担心的是有什么人做了从法律上看非常愚蠢的事而给公司的声誉带来污点并使公司毁于一旦。"不少企业管理大师都提出了这样的风险预言和忠告,韦尔奇是其中之一。由此可以看出,企业法律风险预防对于现代公司运营安全有着举足轻重的作用。

江平教授在写给《公司首席法务官》的序言中说:"公司律师兴则公司兴,公司兴则国家兴。"

社会律师和法务是什么?有人说,社会律师和法务是天使,他们戴着正义之冠;也有人说,社会律师和法务是魔鬼,他们被金钱驱使,常用如簧巧舌颠倒黑白。

社会律师和法务是伴随法律而产生的职业,仅仅有法律,那不过是一张纸,几本书,法律要变成法治,就要有人监督,就要有人看护,不然法律会成为执法者的遮羞布和挡箭牌。监督者应该人格独立、财产独立,不依附任何人,靠监督法律的正确实施谋生,他们就是社会律师和法务。

从社会律师制度和法务制度产生的那一天开始,社会律师和法务就依赖法律这座"庙宇"生存,所以社会律师和法务特别依赖法律,社会律师和法务是法治殿堂的守夜人。

律师制度是人类法治文明发展的必然结果,是法治文明发展程度的重要标尺,更是保障法律准确实施的重要力量。从这个意义上理解:"律师兴则法治兴。"从更宏大的视野和因果逻辑看,国家兴,法治兴,律师兴;国家繁荣昌盛,法治成为信仰,律师事业必然获得全面发展。从制度经济学意义上讲,法律是一种制度资源。一个企业的生存和发展,固然离不开人、财、物的投入,但更需要依靠制度的保障和支持。

我国正处在法制建设快速推进的阶段，2010年基本建立起社会主义市场经济法律体系，法律环境逐步成为企业最为重要的制度和软环境，对企业发展产生深远影响。

如何更好地运用法律资源，规范企业行为，完善管理机制，降低法律适用成本，保护企业合法权益，是企业经营管理中面临的重大课题。

2015年9月12日，微软擢升法律和企业事务的首席顾问兼副总裁布拉德·史密斯为总裁兼首席法律官。这是全球法务界的一件大事，更是一件喜事，也是一件开天辟地的事。这是微软13年来首次任命总裁，可见微软公司对法律工作的重视，也是全球首个大公司对法律人员史无前例的重用。

亚洲首富李嘉诚说："没有律师对合同把关签字，我是不会签字的。"

马云成功离不开律师，他与蔡崇信的合作被合伙人传为佳话。蔡崇信是一名法学院的硕士毕业生，有两年的律师工作经验。马云曾为阿里巴巴寻找风险投资，与投资方代表谈合作。蔡崇信作为对方的谈判代表，突然对阿里巴巴的前景很感兴趣，便对马云说："那边我不干了，要加入阿里巴巴。"马云那时候刚起步，公司的规模很小，人员的薪金很低，他奇怪地问："我这儿每个月就500元人民币的工资，你还是再考虑考虑吧。"蔡崇信凭自己的直觉和判断，果断放弃了百万美元的年薪，加入阿里巴巴，用马云的话说："当时他的收入可以买下几十个阿里巴巴。"蔡崇信任阿里巴巴CFO，他为18个创始人的公司创建了公司章程，拟定投资协议，明确了每个人的股权和义务，为阿里巴巴的公司法人治理结构打好了基础。马云成功后，经常直言不讳地对外说："蔡崇信的加入改变了阿里巴巴，完成了阿里巴巴世界与资本世界两个世界之间的沟通。"

我们曾看到这样一个数据，欧美企业的平均寿命是40年，日本是30年，中国是7.3年，其中中国民营企业是2.3年。美国企业在法务和风险投资方面的投入是中国企业在这方面投入的50倍。中国企业风险爆发的原因主要有：

首先，企业家的认识不足。我国经济发展有几个转型期，一段时间采取计划经济，市场上的商品满足不了人们的需求，只要企业生产出来就能卖出去，供不应求；后来转为市场经济，商品丰富了，人们物质水平提高了，但市场经济仍存在很多问题；现在转向法治经济。但是，许多企业家还没有转型，认识跟不上，旧思维、旧方法、惯性还在，过去规则不健全，现在规则越来越完善，过去隐藏的风险就暴露出来了，法律风险在这几年企业风险爆发中是最为突出的。

其次，不注重风险管理。中国企业的管理转型，第一阶段首先向美国学泰勒的标准化，接着向日本学质量管理，标准是基础，质量是生命，速度是效益；第二阶段是利润管理，以效益为中心；第三阶段是业绩管理，大干快上，浪费资源，污染环境；第四阶段叫价值管理，现在发展到风险管理。黄光裕的历史最典型，他在前面几个阶段，创造了辉煌，但是由于不注重风险管理，导致他进了监狱，甚至差一点失去了对国美公司的控制权。风险管理是管理的核心内容。一名风险管理大师未必是一名伟大的企业家，而一名伟大的企业家一定是一名风险管理大师。

再次，不熟悉国际贸易规则。外部法律环境复杂，公司治理的风险突出、上市的风险突出、国际风险突出、融资风险突出和并购风险突出。

法律风险呈现的特点：频率高、危害大、范围广、种类复杂、成本高、隐蔽性强。

一般来说，法律从业者主要有公检法系统公务员、社会律师、法务，公检法都有自己的管理学和成熟的理论实践体系，而社会律师和法务目前尚未形成系统的管理科学。社会律师在法学院开设了专业，法务不但没有自己的管理科学，而且没有形成一个法学院校的专业，岂不哀哉。

法务管理起源于欧美国家，已有近百年的历史。与企业管理中的财务计划一样，法务管理不仅在理论上发展迅速，而且在实践上也有很多创新，局部处于成熟。很多企业都已认识到法务管理的重要性，尤其是在安然、世通等事件发生后，法务管理更被各国所重视。可是，在目前的管理学的核心课程中至今没有将法务作为一门管理学科对待，这可以说是管理学科建设中的一块短板。事实上，公司的法务管理涉及公司管理的各个环节，一个公司的战略、人力资源、财务和市场营销等诸多方面无一不涉及法务管理问题。

法务管理在企业管理中发挥着越来越重要的作用，毫不夸张地说，法务是企业管理的健康师、卫道士和守夜人。

那么为什么法务管理没有自成体系，形成独立的学科呢？其原因是多方面的，主要有以下几点：

一是起步时间晚。管理学有400年的历史，但法务管理至多有100年的历史，而在中国只有50年的历史。中国法务管理虽然起步晚，但近几年发展很快，方兴未艾。

二是认识没有跟上时代前进的步伐。中国企业，是改革开放以后才走向市场经济的，全球化的企业较少，对法务管理的需求和认识不足。

三是长期缺乏国家层面的顶层设计。周立涛表示，以总法律顾问为核心的企业法律顾问制度，在国家立法、国家管理上缺乏顶层的设计。企业法律顾问制度还没有得到立法支持。"总法律顾问制度十多年来，基本还是在国资委层面，企业法律顾问制度怎么得到国家的认可、怎么以立法的形式加以确立，这条路还很漫长。"周立涛说。这个情况一直到2015年，才有所改变。2015年《中华人民共和国职业分类大典》将企业法律顾问作为一个独立的职业列入。2016年中办、国办下发《关于推行法律顾问制度和公职律师公司律师制度的意见》，中国企业法律顾问制度发展进入了新阶段，法务工作才上升到国家层面。虽然我国法务人员有了上述国家层面的制度保障，但真正落实到位的主动权仍在于企业自身。

四是管理理论的桎梏所限。几百年来，管理大师认为管理对象主要包括人、财、物、事、时间和信息六个方面，又提出管理的内容包括六项：技术、推销、财务、安全、会计和经营。长期将法务排除在外，影响了学术界和企业界对法务管理的认识，阻碍法务管理学的产生和研究。

社会在发展，时代在进步，企业面临的环境越来越复杂，需要解决的管理问题越来越多，现实情况早已超越了几十年前，甚至几百年前的理论体系，在企业管理方面产生了许多新的管理学科，如计划、人力资源、股权、上市、环境、员工健康、企业文化等十多门新的学科体系，其中法务又是一门很重要的新兴学科。

实践先行，理论滞后，大师们长期疏忽了法务管理这个领域。

管理是社会组织或企业实现共同目标的必备条件，无论任何组织或企业，只要有集体活动存在，就存在着管理问题。管理学既是一门科学，也是一门艺术，社会环境条件变化会给管理学理论研究和实际管理工作不断带来新问题，提出新任务。当今经济全球化必然给社会组织或法务管理带来严峻挑战。客观地说，历史、现实与未来之间具有连续性，同时也存在着差异性，吸收、借鉴、创新和提高是法务管理学研究的基本原则。

五是没有形成完善的职能体系。企业管理中的各项职能是企业管理学研究的重点，如财务职能、审计职能、计划职能、人力资源职能等，这些职能对应的部门都有自己的一亩三分地，叫"财务"而不是财产咨询，叫"计划"而不是预测或计划顾问。审计等许多部门都没有把自己定义和定位为"顾问"，唯独法务被定义和定位为"顾问"，我国法律顾问和法务机构职责，由两个文件规定：一个是1997年《企业法律顾问管理办法》，是原国家经贸委制定和颁发的；另一个是2004年国务院国资委制定颁发的《企业法律顾问管理办法》。这些职责不是强制性的，不属于强制性规范，而是意义性规范，因为它不是强制性的，工作职责弹性化、随意化、隐性化，没有发展到职能化。机构设置和从业人员的不确定性、随意性较大。如法律顾问参与企业重大经营决策，职责上叫参与企业管理，为什么叫参与？也是苦于现状，西方大公司的总法律顾问不是参与，他本身就是班子的成员，就是决策的成员。而我们的顾问性质和地位，缺乏职能化、固定化和强制化。

现在，国资委制定的各项管理规定和法务目标主要体现职能管理，实行法律风险管理的防范，要和独立的职能部门的工作量相匹配。尤其是党的十八届四中全会提出公司律师制,要求法务必须能够和西方法务接轨。其职责应该参与高层的决策,应该独立承担和管理一些工作,或者与其部门共同负责一些工作。总之要能够独立成为一个真正的职能部门。正因为如此,本书的名称和内容,从头到尾,都叫"法务",而不是法律顾问。

六是法务管理的学科管理跨度太大。法务管理集政治、法律、经济、管理等多个门类学科,理论研究的难度较大。

七是中国的法务工作与国外的有较大的差距。没有管理体系的支撑,没有管理学的指导,没有可值得借鉴的经验,是导致社会律师难管的一个重要原因,法务一盘散沙是目前法务工作的一大毛病,究其原因在于没有形成系统的管理理论和成熟的实践经验。

二、研究目的

法务管理是现代企业制度的有机组成部分,也是我国法律职业制度的一项重要内容。法务管理制度应包括法律和制度层面的设计,公司主管机构、行业协会管理、法人治理结构法务、企业部门机构设置、总法律顾问和部门及其法务人员的权利、责任、义务等制度内容。

法务管理规范对象是企业内部专职从事法务工作的人员。在西方,律师、医生、会计师等被认为是最值得尊敬的中产职业,其中律师被认为是知识分子阶层为数不多的被市场化的群体。律师和医生一样,他们把知识运用到市场化中,但他们的弊病也在于此:单兵作战能力强,作为团队的一分子共同合作的能力差,因此管理律师群体是个苦差事，比登天还难，这一点不是危言耸听。

公司的法务部门和法务人员，竞争性强、对抗性强，是一个管理的难题，更应当研究法务管理学，找出好的管理方法和机制。

对于人才密集型行业来说，管理人才和领导力的培养就是生意经的全部秘诀所在。律所作为这类行业的典型，在人才管理上有待进一步完善。

多数法务部门缺乏标准化的内部管理机制，多数法务工作缺乏专业化的定位和方向，多数法务管理缺乏长远目标。

在法务行业里面普遍存在缺乏管理的现象，把管理的理念引入法务流程里面，进行一个最优化的配置。

法务的流程管理可以分为两个大类：

一个大类是根据法律程序进行流程管理，如诉讼业务的流程，按照现行的诉讼法，不管是民事诉讼法还是刑事诉讼法，诉讼都有一个程序性的规定。

另一个大类是随着企业管理的流程走，法务融合在管理学之中。

笔者有幸担任过大型国有企业的总法律顾问兼法务处处长，工作30多年来，因为对职业的爱好，经常与外部企业交流，与许多法务人员进行交流和探讨，大家有共同的困惑：对管理的知识、组织、架构、管理功能和效果缺乏认识和思考，再依靠传统的办法，凭经验、情感和责任来进行管理工作，是行不通的。

法务行业与传统的律师行业一样，而且他们的人员多是律师。律师这个行业的工作方法是，从咨询、建议、委托事项、接案到结案，一个人可以单打独斗。这很大程度上区别于企业和工厂的计划、生产、销售与协调运行管理。

法务行业的工作方式决定了一个单工就可以完成整个业务流程，但是在当今社会，尤其是信息多元化、经济全球化的今天，公司业务变得多元化、全球化，管理层和部门对法律的需求不断更新和提高，法务工作如果不改变传统方法，很难适应形势需要。

法务行业应当与时俱进，适应新的形势，通过更好的法务管理，从管理的基本功能出发，发挥团队的整体功能，提供更优质高效的法律服务。

法务管理共同的困扰问题：为什么同样是机关部门，其他部门的人员为什么团结和谐、出成绩、出人才，法务部门人员却不团结、不出人才，工作不被重视，地位相对较低？影响法务人员沟通、团结协作的不和谐因素是什么？为什么每个人都很有能力，也很努力，但是却得不到提拔和重用？为什么这么多人觉得公司并没有让他们发挥作用？管理在什么地方出现了问题？真正的价值到底在什么地方？等等。

对于这些问题的思考和研究，一直困扰着大家，也是笔者对法务管理研究的初衷。

导致出现这些问题的核心因素就是管理。法务部门对于管理相关的理论及其规律认识不够，运用不够，导致无序和无效管理，工作低效。

三、研究内容

什么是法务管理学？

法务管理的重点是"管事"还是"管人"？

法务管理部门的人与组织到底是什么样的关系？

总法律顾问如何发挥领导作用?

有关法务管理的各种问题不断呈现在每一个管理者面前,但这些问题纷繁、琐碎,我们要解答这些问题,首先应从最基本的概念入手,了解什么是管理、组织、领导、计划、决策、结构和激励。

什么是组织?法务组织更强调团队的协调、沟通和组织,法务人员之间责任、权利和目标,而非情感、兴趣和爱好。

法务应组建什么样的结构?法务组织结构有着自己的特性,法务人员既是企业员工又是法律顾问,既要突出个人的素质和能力,又要懂得合作,发挥团队精神,保持团结,减少内耗。法务组织结构所要解决的就是分工与层级、权利与责任、地位与作用。纵向以实现绩效、贴近顾客为主,横向以提升效率、降低成本为主。

什么是领导?领导是指通过影响别人,以达到群体目标的过程,组织结构需要清晰地设计出沟通线、控制线、责任线和权力线。

总法务官是权力型官还是专业型官,是侧重管理还是侧重技术,是强调职能性还是强调职业性,是决策层还是参与层,是顾问参谋还是领导?这一系列的定位导致意义和结果是不一样的。领导者需要做的是确立方向、构建团队、促进变革,还是解决问题,保持稳定、按章行事;是授权、激励和培训,还是亲力亲为,事必躬亲。

什么是激励?激励就是如何使人更好地、更愿意地工作。首先我们需要了解人为什么要工作,人要工作的理由是非常多的。

计划是管理中最基础的职能,但也是法务最容易忽略和最难管理价值的一个职能。顾问,有问才顾,是被动的,要计划,计划什么呀?作为领导的参谋,可以按领导意图和指定,制定计划,可是给自己的工作制定计划很难。"打官司",我也不知道什么时候发生纠纷?什么类型?问题有多严重?都是不可预知,不可控的,怎么去计划呢?等等,这些不确定性问题,严重制约了法务部门的计划职能。

计划是所有管理的基础,法务管理的目标与任务,如何围绕着目标展开责任监督、流程控制等一系列的管理活动,需认真探讨和思索并应用。

为了解决律师管理的难题,国内外律师行业进行了很多尝试,比如从管理和分配机制对律师事务所进行管理,采用合伙制,按业务分类管理等,就是想提高团队合作性。

在中国,很多律所团队合作性没有得到充分地发挥,合伙人与聘用社会律师之间的关系松散,有人形象地比喻,中国的律师事务所管理,更像是一个农贸自由市场,无序和杂乱。律师事务所作为组织出租商铺或摊位给律师,然后收律师的租金和管理费,律师正儿巴经像个自由职业者。

律师管理低效的问题,在企业法务管理部门也同样存在。这有违社会和企业发展的趋势,必须要从管理的职能进行改革,从传统的个体社会律师的简单结合向真正意义的合伙制转变;从追求个人业务收益向追求整体利益发展转变;从原始管理模式向综合的现代化管理体系转变。

要实现律师行业或法务的管理与协调,最重要的是应当厘清律师和法务人员的群体特点,摒弃法务单打独斗和一盘散沙的传统模式,提升团队精神,以实现整体目标。

管理就是把理论变为常识的过程。

企业管理是永恒的话题,而法务管理则是其中最年轻和最具活力的一个分支。

　　从国外法务管理发展来看，其主要随着公司管理理念的变化，合规管理和法律风险防控逐步进入企业管理者的视野，已经有一百多年的历史了。我国法务管理则是以法律顾问制度开始，目前仅有20多年的历史。从20世纪80年代企业尝试推行企业法律顾问制度到1997年企业法律顾问制度，再到2002年在国家重点企业全面推行企业总法律顾问制度。实行法律顾问制度同时，中央根据"入世"后我国企业面临的竞争风险，于2002年10月由司法部颁布了《关于开展公司律师试点工作的意见》，该意见对公司律师的任职条件、职责、权利、义务、管理机关等做出了明确规定。

　　斗转星移，又到了收获的时节。经过近一年的调研、选题、组稿、审核，笔者撰写了本书，很浅、很粗糙，希望各位专家学者批评指正。

　　在这个领域，许多有真知灼见的专家、学者和法务工作者，做了深入的、细致的研究，对法务工作的过去和现在及未来了如指掌，信息量很大，知识面很丰富，研究成果全面客观、细致周详、内容丰富、观点异彩纷呈、百花齐放，启迪了我的思维，丰富了我的视野，促进了我的研究。本书是在学习借鉴他们的优秀成果和光辉思想，收录和编辑他们的优秀成果，直接引用或者借用他们的观点和文章内容，可以说本书是大家集体研究的成果，在此向他们表示深深的敬意和感谢！

第二部分
法务管理

第一章 管理学简述

在现代社会中,管理无时不在,无处不在,大到国家、政府、企业的管理,小到学校和医院、部门的管理等。可见,管理在现代社会生活中扮演着重要的角色。

管理学是一门系统研究管理活动的基本规律和一般方法的学科。管理学是适应现代社会化大生产的需要而产生的,其目的是在现有条件下,通过合理地组织和配置人、财、物等要素,提高生产力水平和工作效率,实现预定的组织目标。

管理学研究的目的是揭示管理的客观规律性,按照一定目标合理组织各种要素,科学处理各种人际关系,适时调整管理体制,合理组织管理过程。

一、管理的含义

有许多学者和企业家根据自己的研究对管理进行了定义。"管理是由计划、组织、指挥、协调及控制等职能要素组成的活动过程。"这是由现代管理学理论的创始人——法国管理学家亨利·法约尔(Henri Fayol)于1916年提出的,并成为管理的权威定义。

管理通过计划工作、组织工作、领导工作和控制工作等诸多过程来协调其所有的资源,以便达到既定的目标。管理首先是协调资源,包括资金、物质和人员三个方面。由于这三个英文单词的首字母均为 M,故人们简称其为"3M"。

各种管理职能的实质是协调。管理是有目的的过程,协调资源的目的是为了达到既定的目标。管理是在某一组织中,为实现目标而从事对人与物质资源进行协调的活动。这一表述包括四个要素:管理是为完成某种目标,管理是由人进行的协调活动,组织通过管理职能进行协调,管理是某一组织群体努力的活动。人事关系是指社会组织或群体中人员与工作的关系,它主要解决相关人员的使用、考核、培养与流动等问题。管理就是协调人际关系,激发人的积极性,以达到共同目标的一种活动。这一表述突出了人际关系和人的行为。它包括三层意思:管理的核心是协调人际关系;管理者应当根据人的行为规律去激发人的积极性;在一个组织中的人们,具有共同的目标。管理的任务就是要使人们相互沟通和理解,为完成共同目标而努力。

美籍学者 G·E·梅奥在 1932 年通过著名的"霍桑实验"提出了如下的观点:职工不仅仅是"经济人",而且是"社会人";社会组织或群体中存在着"非正式组织";领导要不断提高员工的满足程度。为了调动员工积极性,管理者就要不断满足员工新的需要,并使其满足程度不断得到提高;管理过程中存在着"霍桑效应"。员工在工作中对于新环境的好奇与兴趣,容易取得产生较佳的成绩。

美籍学者 A·马斯洛(AbrahamMaslow,1908—1970 年)提出需求层次学说的,他把人的需求归纳为具有递进关系的 5 个层次,并对每个层次需求的内容及其相互关系进行了研究。人的需求根据具体内容可分为生理需求、安全需求、社交需求、尊敬需求和自我实现需求。人的需求一般是由低向高逐级发展的，已经满足了的需求就不再是行为的激励力量，但会在此基础上产生高一层次的需求；低层次需求的满足对象大多与物质因素有关，高层次需求的满足对象与信息和精神因素有关。

人是社会经济活动的主体，是一切资源中最重要的资源。决定一个企业、一个社会发展能力的，主要并不在于机器设备，而在于人们拥有的知识、智慧、才能和技巧。

人本管理，是在深刻认识人在社会经济活动中的作用的基础上，突出人在管理中的地位，实现以人为中心的管理。以人为中心的管理：一是管理的任务在于如何最大限度地调动人们的积极性，释放其潜藏的能量。开发人的潜能，人们通常都潜藏着大量的才智和能力。二是尊重人，当一个人的人格得到尊重，他的工作被充分肯定和尊重时，才会最努力去完成自己应尽的责任。

建立人本管理的机制。实行人本管理需要一些相互联系的机制，即动力机制、压力机制、约束机制、保证机制、选择机制、环境影响机制。

"管理是一种以绩效责任为基础的专业职能。"这是美国哈佛大学彼得·德鲁克（PeterDrucker）教授提出的观点。他认为：管理与所有权、地位或权力完全无关；管理是专业性的工作，它与其他技术性工作一样，有自己专有的技能、方法、工具和技术；管理人员是一个专业的管理阶层；管理的本质和基础是执行任务的责任。管理内容是管理对象的具体化，可概括为人、财、物、事、时间和信息六个方面。又推论出管理的内容包括6项：技术、推销、财务、安全、会计和经营。法约尔在实践基础上总结出14条管理原则，即分工、权力、纪律、命令一致、指挥统一、公益高于私利、报酬、集权和分权、层级制、秩序、公正、安全、主动、集体精神。

"管理就是决策。"这是1978年诺贝尔经济学奖获得者，美国卡内基梅隆大学的教授赫伯特·西蒙（Herbert Simon）提出的。他把决策制定过程分为四个阶段：一是调查情况、分析形势、收集信息、找出制定决策的理由；二是制定可能的行动方案，以应付面临的形势；三是在各种可行方案中进行抉择，确定比较满意的方案，付诸实施；四是了解、检查过去所抉择方案的执行情况，做出评价，产生新的决策。由于任何组织、任何层次的管理者在进行管理时都要进行这种决策过程，所以从这方面看，管理就是决策。

从系统上论述，管理就是利用一个系统所固有的客观规律，对这个系统施加影响，从而使这个系统呈现出一种新状态的过程。这是系统论的观点。这种观点包含以下四个方面的内容：任何社会组织都是若干单元或子系统组成的复杂系统；系统内各个组成部分具有耦合功能，因而系统的发展变化遵循一定的客观规律；管理职能就是根据系统的客观规律对系统施加影响；管理的任务就是使系统呈现出新状态，以达到预定的目的。

综上所述，我们将管理的含义做这样表述：管理是各级管理者在执行决策、计划、组织、领导、控制等基本职能的过程中，通过优化配置和协调使用组织内的人、财、物、信息等资源，从而有效地实现组织目标的活动过程。它包含四层含义：管理的核心内容是协调。协调就是使组织中的各个部门、各位成员、各种资源、各项活动之间有机结合，同步和谐地开展活动；协调的中心是人。组织中协调的关系是人与人、人与物的关系，但最终表现为人与人的关系，因为任何资源的分配都是以人为中心的。由于人不仅有物质需求还有精神需求，因此在协调过程中要考虑人们的价值观、世界观、人生观、社会文化背景、历史传统、信仰、自身素质等因素的影响；管理的目的是实现预期的共同目标。

二、管理的特征

管理的特征主要可归纳为以下六个方面：

（1）人本性。组织是由人构成的，实现组织目标离不开人的活动。管理要解决的主要矛盾就是人和人之间的矛盾。

（2）附着性。我们所研究的管理附着在组织及其大量的日常活动中。

（3）广泛性。管理实践是广泛的，它已渗透到生产、生活的各个领域之中。同时管理原理的适用性也是广泛的，可以指导各个领域的实践。

（4）间接性。管理不是直接地为实现目标而从事的一项作业活动，而是调动资源、推动各方去协同进行一系列作业，从而实现组织目标的活动。

（5）实践性。管理的一切原则和方法都是建立在实践基础上的，管理成为行动才能实现目标。

（6）科学性。管理有规律可循，它有自身固有的原理、技术和方法。通过对这些原理、技术和方法的学习，可以大大提高管理实践的水平。

三、管理的职能

管理本身并不是目的，不是为了管理而管理，它只是人们用以实现目标的一种手段；管理的作用在于它的有效性。人们之所以需要管理，是因为管理得好可以有效地实现组织目标。有效的管理要求，既要讲究效率，又要讲究效益。

自法约尔提出五种管理职能以来，对这一问题的研究至今莫衷一是，有提出三种、四种的，也有提出六种、七种的。但管理实践证明，决策、计划、组织、领导、控制这五种职能是一切管理活动最基本的职能。

决策就是为未来行为确定目标，并从两个或两个以上的可行方案中选择一个最令人满意的方案的过程。管理的决策职能不仅各个层次的管理者都有，而且分布在各项管理活动中，所以，我们认为决策应是管理活动中第一位的基本职能。

计划过程是决策的组织落实过程。决策是计划的前提，计划是决策的逻辑延续。计划通过将组织在一定时期内的活动任务分解给组织的每个部门、环节和个人，从而不仅为这些部门、环节和个人在该时期的工作提供了决策的依据，而且为决策目标的实现提供了保证。计划是管理的重要职能，是组织生存的必要条件。任何一个组织的存在都有一定的目标，而目标的实现有赖于系列计划的制定和执行。

组织决策的实施和各项管理活动的开展要靠合作才能完成。组织工作正是由于人类对合作的需要而产生的。通过合作人们能够获得比各单独个体简单总和更大的力量、更高的效率，即实现"1+1>2"的效应。决策目标决定着组织结构的具体形式和特点；反过来，组织的运行状况又在很大程度上影响着组织成员的工作效率和活力。

管理的领导职能不仅具有科学性，而且具有艺术性，它贯彻于整个管理活动的始终。

为了保证目标及为此而制定的计划得以实现，就需要有控制职能。而计划就是控制的目标，管理必须及时取得计划执行情况的信息，并将有关信息与计划进行比较，发现实践活动中存在的问题，分析原因，及时采取有效的纠正措施，保证组织发展方向正确。

各项管理职能都有各自独有的表现形式。决策职能通过方案和计划的形式表现出来；组织职能通过组织结构设计和人员配备表现出来；领导职能通过领导者和被领导者之间的关系表现出来；控制职能通过对计划执行情况的信息反馈和纠正措施表现出来。每一项管理工作一般都是从决策开始，经过计划、组织、领导，到控制结束的。各职能之间同时相互交叉渗透，控制的结果可能又导致新的决策，开始新一轮的管理循环。如此循环不断，才能推动组织向前发展。凡是管理人员都要执行管理的上述职能，但花费在每项职能上的时间有所差别，即不同层级管理者行使上述职能的侧重点是不同的。

四、管理的性质

管理是人类活动的客观需要，是在社会分工所产生的社会劳动过程中的一种特殊职能。管理的性质是通过其属性表现出来的。

管理的自然属性是指管理是一种不以人的意志为转移，不因社会制度、意识形态的不同而改变的客观存在的活动，即在任何时代、任何国家、任何组织中都存在管理活动、管理思想、管理制度和管理方法。

管理的社会属性是指管理在不同社会制度和文化背景下具有不同的目的、形式和特征。任何一个组织都不是孤立存在的，为求得生存与发展，必须与环境发生千丝万缕的联系。一个组织是一个与外界保持密切联系的开放系统，要不断地与环境进行着物质、能量和信息的交换，与外部环境相互作用、相互联系。在互动中，组织既受到外界环境的影响，也影响着外界环境。环境是管理者行为的一个重要的限制因素。政治、经济、技术、社会文化等宏观环境都会对各种组织的运行产生影响，同时，任何一个组织也离不开资源供应者和服务对象，其绩效也会直接受到资源供应者、服务对象、竞争者、政府主管部门和其他组织的影响。也就是说组织的绩效与管理环境是密切相关的。尽管世界并不太平，但是和平、改革与发展已成为当代世界的基本特征。各国政府已越来越多地关心本国经济的发展和人民生活的改善。许多国家都在致力于本国经济、政治体制的改革，包括中国在内的许多发展中国家，已经在经济发展进程中取得了举世瞩目的成绩。世界的面貌已经改变，并且仍将发生更大的改变。

管理的环境至少在以下四个方面发生着变化：一是科学技术的飞速进步促进了经济加速发展，工业组织规模不断扩大，社会分工更加细密，信息传播速度和数量空前增加，人们之间的相互交往日益频繁，这些都大大提高了管理的复杂性。一批受过良好职业训练的经理阶层应运而生，使企业的终极所有权与经营权发生了分离。企业生产资料的所有者不再直接管理企业，他们所关心的仅仅是股票价格的涨落和红利的多少。二是许多发达国家经过最近几十年的经济发展，尽管贫富差距仍然悬殊，失业率居高不下，但人们的生活水平提高了，整个社会普遍出现了中产阶级，有相当一部分职工持有企业的股票，表面上拥有企业所有权的人数大大增加了。三是发达国家政府对本国的经济采取了不同形式、不同程度的干预。瑞典、挪威、芬兰、法国、德国以及日本等国政府都制定了长期、中期和年度的经济发展计划，并用法律、经济、行政等手段促使企业执行政府的计划。美国、英国、法国、日本等国家也都对产业结构进行控制，对企业的经营活动采取干预的政策。这些都促进了发达国家社会经济的进一步发展。四是社会公众和广大消费者对企业提供的商品和劳务，以及对企业活动所产生的环境损害，抱着更加挑剔的态度，并且形成了各种消费者协会和形形色色的环境保护组织，迫使企业管理者不得不认真考虑对消费者利益和社会生态环境的保护。现实世界所发生的新变化，深刻地影响到了管理的社会属性。在发达国家企业中，已不能简单地说管理只是资本家剥削工人的工具。作为企业的职业管理者在行使管理职能时，既要满足股东对股息和红利的要求，又要保证扩展企业实力的需要；既要尽可能满足本企业职工物质和精神方面的需要，又要考虑到社会公众、广大消费者的利益；既要千方百计追求企业的最大利润，又要处理好企业同政府的关系，遵守政府的种种法规和限制。所以说现代企业管理的社会属性已经多元化了。

政治法律环境因素是指总的政治形势，它涉及社会制度、政治结构以及执政党的路线、方针、政策和国家法律、法规等因素，这些因素都会对一个组织产生重大影响。以企业为例，一个组织所在国家或地区的政局与社会稳定状况往往是它能否顺利开展生产经营的基础条件之一。内战、罢工以及周边地区的武装冲突都会影响企业的经营，甚至停业关门。一国的政治制度也是企业生产经营活动的基本影响因素，首先决定企业的产权制度与结构，进而影响企业的经营机制；执政党的路线、方针、政策又影响和制约着企业的生产经营活动。以产业政策为例，国家确定的重点产业总是处于优先发展的地位，重点行业的企业增长机会多，发展潜力大。而非重点行业的一些企业，发展速度缓慢甚至停滞不前，很难有所发展。此外，法律是用来调整法人之间的关系的，法律的变化可能直接鼓励和限制某些商品的生产和销售。例如，我国对爆竹、雷管和炸药等危险品行业就实行定点企业生产。另外我国禁止非军工企业生产枪支和弹药等。目前，世界上很多国家对企业的经营活动做了大量的立法，对企业的影响和约束在不断加强。西方国家一贯强调依法治国，对企业经营活动的管理和控制，也主要通过法律手段。在西方，对企业的立法目的主要有三个：一是保护企业间的公平竞争；二是保护消费者的权益，制止企业非法牟利；三是保护全社会的整体利益和长远利益，防止对环境的污染和资源的破坏。为促进及指导企业的发展，我国颁布了一系列法律，如公司法、乡镇企业法、经济合同法、企业破产法、商标法、质量法、专利法、中外合资企业法、反垄断法、反不正当竞争法、劳动法等法律法规。另外，对企业活动也有限制性的规定（法规），如对工业污染的规定、卫生要求、产品安全要求、对某些产品定价的规定等。政治法律环境因素对社会组织来说是不可控的，带有明显的强制性和约束力，政府对各类组织和活动的态度则决定了各个组织可以做什么、不可以做什么。只有适应这些环境要求，使自己的行为符合国家的路线、方针、政策、法律和法规的要求，企业才能得到稳定而持久的生存和发展。

五、管理法则

1. 二八原则

总结果的百分之八十是由总消耗时间中的百分之二十所形成的。比如，百分之八十的销售额是源自百分之二十的顾客，百分之八十的电话来自百分之二十的朋友，百分之八十的总产量来自百分之二十的产品，百分之八十的财产集中在百分之二十人的手中。说明工作中要善于抓主要矛盾，把时间和资源用到最重要最紧迫的事情上。

2. SWOT 分析法

"S"表示优势，"W"表示劣势，"O"表示机会，"T"表示威胁。清晰把握全局，分析自己在资源方面的优势与劣势，把握环境提供的机会，防范可能存在的风险与威胁。

3. 鱼骨图分析法（5M 因素法）

即：法，与事件相关的方法与方式；环，内外部环境因素；机，软、硬件条件对于事件的影响；料，基础的准备及物料；人，造成问题的人为因素。对应企业经营的五大环节，可对照寻找出企业的"症疾"。

4. PDCA 循环规则

P，制定目标与计划；D，组织实施任务；C，对过程中的关键点和最终结果进行检查；A，纠正偏差，对结果进行标准化，并确定新计划。每一项工作，都是一个 PDCA 的循环，只有在日积月累的渐进改善中，才可能有质的飞跃。

5. 5W2H 法

What，工作内容目标；Why，做这项工作的原因；Who，负责人和参与人员；When，什么时间进行工作；Where，工作发生的地点；How，用什么方法进行；How much，需要多少成本。经常用"5W2H 法"思考，有助于我们思路的条理化，杜绝盲目性。

6. SMART 原则

S，要具体，绩效考核要切中特定的工作指标，不能笼统；M，可度量，绩效指标是数量化或行为化的，验证这些指标的数据或信息是可获得的。A，可实现，绩效指标在付出努力的情况下可以实现，避免设立过高或过低的目标；R，现实性，指标是实实在在的、可以证明的、可以观察的；T，时效性，注重完成绩效指标的特定期限。在制定工作目标时，考虑一下目标与计划是否 SMART 化。只有具备 SMART 化的计划才具有良好可实施性，才能保证计划实现。

7. 任务分解法

分解原则，将主体目标逐步细化分解，最底层的任务活动可直接分派到个人去完成每个任务原则上要求分解到不能再细分为止；分解方法，由自上而下与自下而上的充分沟通，一对一个别交流和小组讨论；分解标准，分解后的活动结构清晰，逻辑层次明确。这样才能有条不紊地工作，才能统筹安排时间。

8. OGSM 计划法

"O"代表目的;"G"代表具体细化的目标;"S"表示行动策略;"M"表示衡量指标,可用于策划促销活动、活动方案等比较具体的事情。

9. 头脑风暴法

工作人员环桌而坐,主持人阐明问题,并保证每个人都完全清楚地了解问题。然后每个人各抒己见,充分发挥想象力,互相启发,发表自己想到的各种可能的选择方案,不允许任何批评,并且所有方案都当场记录下来,留待稍后再讨论和分析。这个方法,克服群体压力抑制不同见解,鼓励创造性思维,这是一个产生思想的过程。

10. 名义群体法

决策制定过程中限制讨论,故称之为名义群体法,保证独立思考。

第二章 法务管理学总论

一、社会律师

法务最早是从聘请社会律师开始的,后来逐步发展为新的业务和职能,法务的产生和发展是伴随着社会律师制度的,因此,研究法务须先研究社会律师,但说来话长,只能简单述之。

《大涅经》:"如是能知佛法,所作善能解说,是名律师。"律者,规则也,佛戒也,能够解释规则和戒律的,被称为律师。这是"律师"一词最早的文献记载。

律师制度起源于古罗马,古罗马的保护人制度被认为是律师制度的雏形。近代律师制度起源于欧洲,尤其是英国的普法制度,催生出律师制度,并不断完善。

(一)中国律师制度起源与发展

中国的法律制度有几千年的历史,律师这个职业经历了从士—幕僚—庭辩—师爷—讼师—代书的演变,从官本位、协理、帮闲到代理人。

我们可以按照历史进程做一点介绍:

春秋战国时期,《吕氏春秋》关于郑国人邓析的记载:"与民之有狱者约:大狱一衣,小狱襦袴。民之献衣襦袴而学讼者,不可胜数。以非为是,以是为非,是非无度,而可与不可日变。

所欲胜因胜，所欲罪因罪。郑国大乱，民口喧哗。"

中国律师的面目最早以讼师出现。在我国具有现代意义的律师出现于清末。1840年国门被打开，带来了西方的一些法律制度传入中国。张之洞作为洋务派领袖在《江楚会奏变法三摺》中提出司法改革9条意见，首次提出"重众证"。接着，沈家本于1906年编制《大清刑事民事诉讼法》，首次规定了律师的地位和作用，律师有会见权、通信权、阅卷权、检视证据权，可以写状呈堂；上堂辩护，堂询原告和证人；代被告辩护引申案例辩论。但这些好的建议和想法被清政府认为是离经叛道而被否定，也没有得以实行。

民国时期北洋政府颁布的《刑事诉讼条例》规定了律师辩护权，1928年7月，南京国民政府颁布的《刑事诉讼法》第165条规定了律师辩护权，即辩护权、询问权、会见权、指定辩护权。1945年6月，国民政府司法部制定了《公设辩护人服务规则》，形成完备的刑诉制度。

1932年6月，根据地时期，《裁判条例》中规定被告可派代表出庭辩护。1936年，延安时期，《川陕法庭条例草案》中提出劳动者有委托辩护权，当时最出名的有马锡五审判方式，被列入了教科书。接着1946年，《晋察冀法庭工作指示》中允许被告人可以自己或委托别人辩护。

1949年，中华人民共和国成立后废除了国民党的《六法全书》，开始建立新中国司法制度。但是，1950年12月，国家发布了《关于取缔黑律师及讼棍事件的通报》，取缔旧律师制度，解散律师组织，停止律师活动，律师业的发展受到了一定的影响。

1954年，中华人民共和国制定首部《宪法》，以宪法的名义明确了"被告人有权获得辩护"。接着同年5月18日,董必武提出恢复律师制度。开始了新中国律师的萌芽时代。那个时候北京、天津、上海、沈阳都在试行推广律师事务所,当时全国有将近3000名律师,19个省(市)成立律师协会,有817家法律顾问处。1957年实行《社会律师暂行条例》。后来一段时间内律师制度停止。

1978年,党的十一届三中全会后,《宪法》再次确立辩护权。1979年《刑事诉讼法》立法。1980年8月26日,《律师暂行条例》出台,中国律师制度再次恢复。1979年12月9日,司法部发出了《关于律师工作的通知》,明确宣布恢复律师制度,律师属于国家事业编制。

(二)律师执业环境和中国律师定位

1988年,开始合作制律师事务所试点工作,不要国家经费并实行自负盈亏,要求律师必须辞去公职身份。

1993年,国务院批转了司法部《关于深化律师工作改革的方案》,不再以所有制的性质和行政级别的属性来界定律师及律师事务所的性质,并允许律师辞去公职后,成立不占国家编制、不要国家经费、自愿组合、自收自支、自我发展、自我约束的合伙律师事务所。

中国律师的性质定位:1996年颁布的《律师法》明确规定,律师是"依法取得律师执业证书,为社会提供法律服务的执业人员"。该法所称的律师,是指依法取得律师执业证书,接受委托或者指定,为当事人提供法律服务的执业人员。律师应当维护当事人合法权益,维护法律正确实施,维护社会公平和正义。

1997年,在党的十五大报告中将律师事务所定位为"社会中介组织",于是就有了2000年中介机构的脱钩改制,所有自收自支的国资律师事务所在几个月之后全部推向了社会。

从以上的律师制度发展来看，我国对律师工作人员的定位先后是国家法务者、社会法务者、民权的代表者、自由职业者、社会中介服务者。

（三）中国律师业的现状

中国律师制度一旦确立就得到了蓬勃的发展。

据统计，2010年，中国执业律师已达20.4万人，近2万家律师事务所，按当时13亿人口计算，7000个人当中就有一个律师，随后一直处于高增长期，到2018年底发展到42.3万人。2019年1月29日，司法部印发了《全面深化司法行政改革纲要（2018—2022年）》，纲要强调：2022年全国律师总数需达到62万人，每万人中拥有律师数达4.2名。按此规划，以2018年的年增长人数5.8万名为起点，2019—2022年全国将保持平均每年新增5万名律师的高增速。

可以说，从2018年起，在律师人数增长方面，中国律师行业进入了高速发展的"5万人时代"。到2020年为止中国律师队伍已经发展到52万多人，律师事务所约3.4万家；涉外律师有1.2万余人，中国律师事务所已经在35个国家和地区设立境外分支机构150多家。

从律师事务所规模来看，律师10人以下的律师事务所有1.9万多家，占62.37%；律师10人（含）至30人的律师事务所9300多家，占30.73%；律师30人（含）至50人的律师事务所1200多家，占4.16%；律师50人（含）至100人的律师事务所570多家，占1.87%；律师100人（含）以上的律师事务所260多家，占0.88%。

从律所规模上看，各个规模的律所数量均有不同幅度的增长。"百人所"数量增长最为显著,从200所增至260所,涨幅达到30%。近年来,越来越多的律所通过合并壮大规模,从而达到优势互补、整合扩大业务、提供综合性服务、提高影响力和竞争力的目的。可想而知,律所的规模化发展是我国律师行业发展的主流趋势。30人以下的小规模律所数量占比仍超过90%,可见小规模律所必须做好发展定位和品牌建设,小律所的精品化对律师行业的发展中起到不可忽视的作用。从经营模式上看,律师事务所绝大多数是合伙制,2018年全国合伙律所共2万多家,占比66.14%,个人律所9140家,占比29.98%,国资律所数量有所减少,这些变化或许与律所优化管理模式,以适应更高的发展需求有关。

(四)律师办理案件数量与类型

随着律师队伍的壮大,律师的各类业务的办案数量也在增多,2018年律师办理法律事务有1068万多件,人均办理法律业务25件,案件受理需求的增加,也促进了律师行业的人数增长。

2017年律师办理的诉讼事务共465.5万件,其中刑事辩护案件数68.4万件,人均2件;民事诉讼代理381.8万多件,人均13件;行政诉讼代理15.3万多件。全年办理非诉讼法律事务89.4万多件。

2018年律师办理的诉讼事务497.7万件,其中刑事辩护案件81.4万多件,人均2件;民事诉讼代理396.9万多件,人均9件;行政诉讼代理16.5万多件。全年办理非诉讼法律事务105.8万多件。

从2017至2018年,民事诉讼代理案件数量占比有所下降,2018年还增加了一项代理申诉事务,可见律师的业务范围在不断拓宽,并且律师对案件的选择,从基础性的民事诉讼案件向"高端业务"发展。

诉讼事务中出现频率较高的案件有:合同、不当得利纠纷,侵权责任纠纷，婚姻家庭、继承纠纷等，以民事诉讼和行政诉讼为主。目前全国律师每年办理的诉讼案件，包括刑事、民事、行政诉讼案件有 600 多万件，办理的法律援助案件约 100 万件，律师对促进司法公正起到重要促进作用。

按照司法部的计划，律师业的发展，无论是从数量上还是从质量上看还需进一步提高缺口。当然与美国等欧美发达国家相比，还是有一定的差距。以美国为例，美国现有 100 多万名律师，平均每 270 名美国人中就有一名律师。美国历届总统有一半是律师出身，42 个总统有 21 个是律师出身，美国议员中有三分之一从事过律师。

（五）我国律师业发展存在的问题

我国律师制度恢复重建以来，律师业获得了长足的发展，取得了骄人的成绩，但是我们必须清醒地看到，我国律师业在发展过程中也存在一些不足和问题，还存在着一些阻碍律师业发展的不和谐因素。

长期以来，社会各行各业对律师业存在着认识上的偏见和误解。由于几千年来封建社会对律师的偏见，公众对律师缺乏理性的认识；再加上律师队伍中，确实存在素质参差不齐的问题，也确有一些律师坑蒙拐骗、敲诈勒索，甚至损害当事人合法利益的现象。这些都使得一些民众对律师业缺乏正面评价，甚至对律师业持反感态度。时至今日，某些官员对律师也存在偏见，当律师介入行政执法或者行政诉讼活动的时候，干扰了一些人手中的权力，他们将律师这种正常业务行为视为妨碍行政执法，扰乱社会秩序的行为，从而处处设防，抵制律师的业务活动；

作为法律职业中的另外两个群体法官和检察官，他们中的部分人对律师也存在偏见，不时会剥夺律师的会见权、阅卷权、调查取证权、辩护权等等，误用《刑法》第306条的"伪证罪"来对付那些"不老实"的律师，从而造成了一些冤假错案。

法律服务主体和管理主体混乱、不协调、不规范。现目前，我国法律服务主体类别众多，包括律师、公证员、基层法律服务工作者、企业法律顾问、商标代理、税务代理、专利代理、企事业登记代理等，他们分属于不同的部门管理。除此之外还有一些打着律师旗号的"土律师""黑律师"，他们也经常穿梭往来于法律服务市场，胆大妄为。这样一些客观现实的存在，都反映出法律服务市场的不协调、不规范，同时各管理部门往往出台一些不同的工作流程、收费方式、收费标准等，这些琳琅满目、五花八门的东西往往引起当事人的误解，从而影响了律师业的声誉。

律师业内部也存在一些不良倾向，例如：平庸化倾向、商业化倾向、自由化倾向、非律师化倾向、收入两极化倾向、腐败化倾向、垄断化倾向、边沿化倾向等等。

律师的正当职业权利没有得到有效保护，律师的作用没有得到有效发挥。

国内外律师业发展的历史和现实的经验、教训告诉我们，律师的独立性实乃律师生存、发展的基础，实乃律师生命力之体现。在构建和谐社会中，背离对律师独立性准则的遵从，律师的作用将丧失殆尽。因此，我们应像爱护自己的眼睛一样，坚守律师独立性这一社会角色的定位，高擎起律师独立之薪火，在构建和谐社会中发挥出律师应有的和不可替代的作用。

（六）当前中国律师的八大功能

（1）保障司法公正、司法公允、司法秩序的功能。

（2）保障社会治安、社会稳定、释放矛盾的功能。

（3）保障经济发展、市场运营、疏通沉淀的功能。

（4）保障社会进步、公民理性、公民责任的功能。

（5）保障政治开明、政治理性、政治科学的功能。

（6）保障法律进步、立法科学、法律施行的功能。

（7）促进思想启蒙、成熟国民、人文科学的功能。

（8）保障对外开放、国际秩序、国际规则的功能。

（七）中国律师的使命

（1）促进社会公正的使命。

（2）促进国家法治的使命。

（3）匡扶正义、扶持弱小的使命。

（4）促进社会治安稳定的使命。

（5）促进经济发展的使命。

（6）促进中国开放同国际规则衔接的使命。

（7）实现依法治国的使命。

二、法务管理的产生与发展

（一）法务管理的基本概念和特点

1. 法务的基本概念

《企业法律顾问管理办法》第二条对企业法律顾问进行了定义，企业法律顾问是指具有企业法律顾问执业资格，由企业聘任并经注册机关注册后从事法务工作的企业内部专业人员。

企业法律顾问是企业领导人在法律方面的参谋和助手，法务工作促进企业依法经营管理和依法维护自身合法权益。

2016年，中共中央办公厅、国务院办公厅印发了《关于推行法律顾问制度和公职律师公司律师制度的意见》，为贯彻落实党的十八大和十八届三中、四中、五中全会精神，积极推行法律顾问制度和公职律师、公司律师制度，充分发挥法律顾问、公职律师、公司律师作用，提高依法执政、依法行政、依法经营、依法管理的能力水平，促进依法办事，为协调推进"四个全面"战略布局提供法治保障。企业法律顾问对岗位设置和资格取得及职责有新的描述和定位。

总法律顾问对经营管理活动的法律审核把关作用，推进企业依法经营、合规管理。

2. 法务工作的特点

高度的融合性。法律顾问和社会律师的区别就在于，他的工作是在企业里面，是固定的，他是企业的职工，他的全部工作就是围着企业转，所以法律顾问的第一个特点就是他的工作和企业的经营管理是密不可分的，是高度融合的。

较强的专业性。法律顾问的法律专业性与社会律师的要求有所不同：第一，法律顾问要懂法律、懂专业、懂经营。第二，法律顾问必须通过学习和考试，具有企业法律顾问职业资格。第三，企业的内部的其他职能管理人员不可替代法务。业务部门虽然也要研究法律，但这个法务不可以替代。

相对的独立性。法务一定要把法律和企业的经营管理结合，能够替企业找出来一条既符合法律又能够保证企业经营预期的道路来，这个是比较难的。法务的独立性就是说必须以法律为依据，不能够过分地屈从于经营管理的需要。

较强的实践性。法务在企业的工作性质，和医生差不多。法学院刚毕业的学士和硕士到企业工作,没有三五年处理企业法律问题的实践经验,很难拿出一个好的法律建议。实践性,就是中国的法制环境,中国的企业状况和法律的结合,你既要符合法律,又能使企业得到很好的发展。

(二)法务管理的原则

(1)依法执业原则。法律顾问工作的原则第一点就是依法执业,为企业经营管理服务。

(2)恪守职业道德的原则:忠于职守,为本单位提供及时、准确、优质的法律服务;对所出具的法律意见、起草的法律文书以及办理的其他法律事务,应就其合法性负责;对所办理的有关公司法律事务涉及公司及下属各分公司、控股公司的商业秘密的,不得向有利害关系的第三人泄露。

(3)围绕中心原则,就是企业的法律顾问工作必须围绕企业发展这个中心,否则这个法律顾问可能就没有价值了。

(4)职能管理原则。现在中国的法律顾问发展遇到瓶颈,其中一个很重要的原因,没有做到能够像财务部门、人力资源部门,没有明确的职责、明确的管理权限。国务院、国资委提出全面风险管理是很为难的一个事,他叫全面风险管理,包括战略、规划、财务、法律等,但负责人很难找。

(5)预防为主原则,法务管理正在从被动咨询型向主动管理型转变,正在从事后补救型向事前预防型转变。企业法务的前瞻性预防为主,能更好更大的提升企业法务的价值。

(6)创造效益原则,这个是国务院、国资委提出的,就是不论法律顾问还是社会律师都要以企业的效益为中心。法律顾问能够直接创造效益,其实也是很可能的,也是实实在在的。

（三）法务管理体系

法务管理体系包括科学的组织体系、完善的规章制度、扎实的基础工作、健全的激励机制、人员的素质保证、严格的过程控制。

（四）法务产生和发展的时间顺序和阶段

1. 法务产生和发展的时间顺序

法务产生的时间很早，据有关资料查证，美国新泽西州的美孚石油公司于1882年设置企业内部专职法律服务人员。

我国的企业法律顾问制度在20世纪50年代中期产生。1955年，《国务院法制局关于法律室任务职责和组织办法的报告》《中华人民共和国国务院批转"关于法律室任务职责和组织办法的报告"的通知》明确了一系列重要问题，我国企业法律顾问制度是从国家层面的开始，但是在实际工作中没有得到广泛的应用和推广。

最早设置法律部门和法律专职人员的企业是中国技术进出口公司和武汉钢铁公司，时间在20世纪70年代末至80年代初。

国家第一次以行政法规的形式确立企业法律顾问是1986年颁布实施的《全民所有制工业企业厂长工作条例》，明确要求企业应当设立法律顾问。

此后，国家有相关部门又多次发布相关规定，对企业法律顾问制度完善和提升进行推动，如1988年《中华人民共和国全民所有制工业企业法》《企业国有资产法》《企业国有资产监督管理暂行条例》。这三个制度明确了"两个体系"和"三个转变"。

"两个体系"：初步建立了企业国有资产监督管理法规体系；以企业法制建设三年目标为导向，指导推动中央企业建立健全企业总法律顾问制度和设立法务机构。中央企业法律顾问工作内容由事务型转向了管理型。

"三个转变"：中央企业法律顾问工作由政府部门引导转向了由出资人推进；中央企业法律顾问工作重点，由事后补救转向了事前防范和事中控制；企业法律风险防范机制正在逐步建立和完善。

以后，随着国家法治建设步伐的加快，国家提出了依法行政和依法治企的方略，有关部门根据形势的要求，也制定了相关的政策和制度，有力地推动了企业法律顾问制度的建设。一是2002年7月18日原国家经贸委、中央组织部、原中央企业工委、原中央金融工委、人事部、司法部、国务院法制办等七部委于联合下发了《关于在国家重点企业开展企业总法律顾问制度试点工作的指导意见》，决定在全国开展企业总法律顾问制度试点工作。二是国务院国资委于2004年5月颁布了《国有企业法律顾问管理办法》，明确规定国有大型企业设置企业总法律顾问。三是2016年中共中央办公厅、国务院办公厅印发了《关于推行法律顾问制度和公职律师公司律师制度的意见》，积极推行法律顾问制度和公职律师、公司律师制度，充分发挥法律顾问、公职律师、公司律师制度作用，提高依法执政、依法行政、依法经营、依法管理的能力水平。

2. 我国法务管理的发展阶段

我国法律顾问制度的发展可分为七个阶段：

萌芽开始阶段，1955年提出了设立法律顾问的制度。

建立阶段，从70年代末有些公司就开始设立法律顾问。

发展阶段，1986年《全民所有制工业企业厂长工作条例》规定厂长可以聘请总工程师、总会计师和法律顾问。

培训阶段，根据国务院的行政法规，当时国家经贸委和司法

部共同组织举办了全国企事业法律顾问培训班,在北京办了将近20期,培养了大批法律顾问;

逐步规范阶段,1997年国家经贸委、司法部、人事部共同协商,三部委发了企业法律顾问职业资格管理办法,然后经贸委自己又颁发了企业法律顾问管理办法,从此,法律顾问制度有了规范、依据和标准;

提高阶段,2002年在国有企业进行总法律顾问制度的试点,包括2005年法律风险防范机制建设以及后来的三年目标,这使法律顾问进入了企业的高层。

壮大阶段,企业法律顾问队伍和组织机构不断壮大。

三、我国法务的发展现状

从2004年开始,为建立健全企业法律顾问制度,加强企业法律风险防范机制,国务院国资委按照"建立机制、发挥作用、完善提高国有企业法律顾问制度"的总体思路,在中央企业连续实施了法治工作三个"三年目标"。通过顺利完成三个"三年目标",中央企业法制工作迈上了新的台阶,为打造世界一流企业、提升核心竞争力提供了有力的法律支撑和保障。

在国务院、国资委等政府部门不断推进企业法律顾问制度建设的形势下,企业法律顾问在企业依法经营管理中的作用不断显现,并越来越多地受到企业管理者的重视。许多企业结合自身的实际,制定了符合本企业客观实际的企业法律顾问工作与管理制度,明确企业内部法务工作内容、法律顾问岗位设置和职责内容,以及法律顾问处理法务的权限程序等。

法律顾问队伍不断壮大。据国资委统计，截至2014年底，中央企业全系统法律顾问队伍超过2万人，持有企业法律顾问执业资格证书比例达到83%；全国范围内企业法律顾问队伍接近20万余人，其中通过企业法律顾问资格考试、取得企业法律顾问资格证的人数在5万左右。一支高素质的企业法律顾问队伍逐步形成。同时，国务院国资委配合人力资源和社会保障部组织开展了14次全国企业法律顾问执业资格考试，并先后制定了《国有企业法律顾问职业岗位等级资格评审管理暂行办法》等一系列文件，要求企业建立法律顾问专业技术等级制度，对资格评审的程序、条件、主体、权限等进行了规范。自2010年开展评审工作至今，已有27家中央企业和14个省级国资委共评审出各级法律顾问6700余人。

法务机构进一步健全。截至2011年6月底，120家中央企业全部设立了法务机构。与此同时，总法律顾问制度作为企业法律顾问制度的核心，也取得了长足的发展。截至2014年9月底，中央企业全系统建立总法律顾问制度的户数达到2584家，集团和重要子企业总法律顾问专职率接近80%。

企业法律顾问服务领域和职责范围不断拓展。首先，企业法律顾问的业务领域从传统的诉讼、合同等领域向多领域发展。最初的法务工作是从企业内部的合同管理开始的，之后逐渐涉及处理企业的纠纷案件等。然而随着我国社会主义市场经济体制的逐步健全和完善，企业面对的市场环境也日趋复杂，企业的法务也逐渐多样化。如境外业务的拓展对法律产生的需求，企业改制、重组、并购等业务对法律的需求，企业在知识产权管理对法务的需求，人事制度和劳动用工制度的改革对法务的需求等。其次，随着企业内部管理工作的分工越来越细,法务部门逐渐接受和参与一些基础性的管理工作,如规章制度管理、授权委托管理、工商管理等。最后,企业法律顾问发挥作用从事后补救,逐渐向事前防范和事中控制为主。

总法律顾问制度的建设经历了一波四折后,总法律顾问成为企业领导班子的一个重要组成部分。1997年至2001年,原国家经贸委颁布《企业法律顾问管理办法》,引入总法律顾问制度并进行了初步尝试;2002年至2003年,原国家经贸委等七部委在国家重点企业开展企业总法律顾问制度试点,国有企业总法律顾问制度开始由政府主管部门在企业逐步试点推行;2004年至2007年,国资委颁布《国有企业法律顾问管理办法》,实施中央企业法制工作第一个三年目标,将总法律顾问这项制度正式推行;2008年至今,国资委连续实施中央企业法制工作第二、第三个"三年目标",中央企业及其重要子企业全面建立总法律顾问制度。

四、法务工作制度建设

随着法务影响力的不断提升,法务的职业要素也逐渐形成。国有企业法律顾问的机构设置、职责、工作体系基本明确,各种形式的法律顾问协会和组织不断成立。2011年国家标准化委员会发布了国内企业法律领域的第一个国家标准《企业法律风险管理指南》(T/GB27914-2011);2013年中国政法大学开设了国内高校第一个法务管理专业;2015年《中华人民共和国职业分类大典》将企业法律顾问作为一个独立的职业列入其中;2016年中央办公厅、国务院办公厅下发《关于推行法律顾问制度和公职律师公律师制度的意见》，我国企业法律顾问制度发展进入了新阶段。跨国公司利用其自主知识产权名牌整合了全球创新资源、控制了全球市场，使我国企业在全球一体化进程中面临边缘化困境。鉴于此，我国企业应重视自主知识产权名牌的创造与运营，以突破跨国企业的垄断和限制，提高企业抗风险能力。

从国家主管部门来讲，为规范企业法务工作，国资委做了大量工作，对中央企业和地方国有重点企业实施了三个"三年目标"。"建立机制、发挥作用、完善提高"，建立以总法律顾问为核心的依法决策制度，并推进组织体系、业务领域、工作机制的深刻变革，法务工作在从业规范、岗位职责、工作流程、执业保障等方面得到完善后实现了较快的发展。

从中央层面来讲，习近平总书记在主持召开中央全面深化改革领导小组第二十二次会议并发表重要讲话。会议审议通过了《关于推行法律顾问制度和公职律师公司律师制度的意见》，要求在党政机关、人民团体、国有企事业单位普遍建立法律顾问制度和公职律师、公司律师制度。

从落实层面来讲，中共中央办公厅、国务院办公厅印发了《关于推行法律顾问制度和公职律师公司律师制度的意见》（以下简称《意见》）。积极推行法律顾问制度、公职律师制度，对全面深化改革、全面依法治国，坚持依法治国、依法执政、依法行政，坚持法治国家、法治政府、法治社会一体建设，推进国家治理体系和治理能力现代化，具有重要意义。

五、法务行业协会

许多行业都有行业管理协会,法务职业虽然没有形成专门的学科——法务管理学,但是和其他行业一样,却有行业管理协会。

全球法律顾问协会(ACC)是全球法务的自律性组织,总部设在美国华盛顿,成立于1982年。ACC发展很快,主要由5个部门组成:教育部、资源部、维权部、会员部、网络部。目前有45个分会和12个委员会。ACC的主要工作是提供教育培训等服务,为企业法律顾问提供法律资源库,创造国际交流平台,促进企业法律顾问之间的横向交流,维护企业法律顾问及本企业的合法权益。

中国法务行业协会的发展现状。2014年,中国国家发改委属下的中国中小企业协会(CASME)协议委托德衡律师集团承担"中国中小企业法律(顾问)工作委员会"工作,为全国中小企业会员依法治企和普法宣传教育进行咨询指导。为了深化和扩大做好有关工作,德衡律师集团与中国司法部主管的《法制日报》社所属的"中国公司法务研究院"和《法人》《法制周末》等媒体合作成立"中国首席法务官俱乐部"(亦称"第一法务")。同时,根据经济全球化大趋势和中国对外招商引资、对内促进企业"走出去"的实际情况,以及国际化的企业法律服务及合规法务人才严重不足的形势需要,2016年11月11日经主管单位批准,中国首家对标学习国际企业法务组织—"全球法律顾问协会(ACC)"的"中国全球法律顾问协会(CACC)"在青岛成立。

六、法务工作

（一）总法律顾问的职责

国外学者通过对企业总法律顾问及法务部门人员的角色和职能的描述，对企业法务管理进行界定。比如，美国学者 Sarah Helene Duggin 对企业法务的界定是：企业法务的角色是企业经营业务的法律顾问、政策制定者和审查者、公司制度监督者、法律纠纷解决者、新法规信息提供者、公司形象维护者。加拿大学者 John H.Jackson（1997）将总法律顾问的角色定为风险防范者以及决策参与者。

2004年5月，国务院国资委发布的《国有企业法律顾问管理办法》对企业总法律顾问和法律顾问的权利、义务和岗位职责做出了明确规定。其中，第二十一条规定企业总法律顾问应履行下列职责：（1）全面负责法务工作，统一协调处理企业决策、经营和管理中的法务；（2）参与企业重大经营决策，保证决策的合法性，并对相关法律风险提出防范意见；（3）参与企业重要规章制度的制定和实施，建立健全法务机构；（4）负责企业的法制宣传教育和培训工作，组织建立企业法律顾问业务培训制度；（5）对企业及下属单位违反法律、法规的行为提出纠正意见，监督或者协助有关部门予以整改；（6）指导下属单位法务工作，对下属单位法务负责人的任免提出建议；（7）其他应当由企业总法律顾问履行的职责。

法律顾问有参与企业重大经营决策职责，包括：参与企业重大经营决策会议；为企业重大经营决策提供法律咨询意见；参加有关谈判和承办有关法务；起草、修改、审核有关法律文件；主动提出建议形成重大经营决策。西方大公司的总法律顾问不仅仅是参与,他本身就是班子的成员,就是决策的成员。

法律顾问参与企业重大经营决策的几种方式:一是参加决策会;二是提供咨询意见;三是参加前期工作;四是起草、修改、审核法律文件;五是推行。参与决定的作用:一是提供依据,二是提供保障,三是风险管理。参与决策随意性比较强。

总法律顾问是根据他的权限和位置来相应地做工作、提建议。如果说是他职位比较高,就可以提供一些比较直接的建议,这样在他们的权限范围内是可以做到的。

国外对企业法务管理的定义主要是:企业法务部门以总法律顾问为主导,法务人员针对企业可能面临的法律风险进行管理,并参与和支持企业决策的制定。国内对企业法务管理的定义注重从法务部门出发,从企业法务部门的职责划分来进行界定。其中具有代表性的是《中央企业法律风险管理报告》中的定义:企业法务部门是在企业内部设置的、对企业法律事务进行管理、对企业各种经营行为进行法律审查、预防法律风险、处理法律纠纷、并由受雇于企业人员构成职业群体组成的职能部门。

国内外在界定法务管理时虽然偏重点有所不同,但都是针对企业法律风险处理或者法律专职人员责任进行界定,并且都明确企业法务管理的主体。借鉴中外的不同定义,企业法务管理可以被界定为:为帮助企业更好地适应外部经营环境的变化,加强内部治理结构的优化,具有法律专业素养和商务管理经验的法务人员组成法务部门,该部门以总法律顾问为主导,负责公司法律问题的解决、人员的管理、法律风险的管理,并建立健全法律风险管控体系,对企业内外部可能面临的法律风险进行管理。

法务机构职责，由两个文件规定：一个是1997年企业法律顾问管理办法，是原国家经贸委制定和颁发的一共规定了11项职责，这11项职责不是强制性的，不属于强制性规范，是意义性规范。还有一个是2004年国务院国资委制定颁发的《国有企业法律顾问管理办法》。其中，第二十四条规定，法务机构履行下列职责：（1）正确执行国家法律、法规，对企业重大经营决策提出法律意见；（2）起草或者参与起草、审核企业重要规章制度；（3）管理、审核企业合同，参加重大合同的谈判和起草工作；（4）参与企业的分立、合并、破产、解散、投融资、担保、租赁、产权转让、招投标及改制、重组、公司上市等重大经济活动，处理有关法务；（5）办理企业工商登记以及商标、专利、商业秘密保护、公证、鉴证等有关法务，做好企业商标、专利、商业秘密等知识产权保护工作；（6）负责或者配合企业有关部门对职工进行法制宣传教育；（7）提供与企业生产经营有关的法律咨询；（8）受企业法定代表人的委托，参加企业的诉讼、仲裁、行政复议和听证等活动；（9）负责选聘社会律师，并对其工作进行监督和评价；（10）办理企业负责人交办的其他法务。

实践中，法律顾问的职责早已超越了这个框架和条文，范围更广，职责更宽泛，从事的工作更多，主要有：

一是常规业务。为委托方就经营管理过程之中的业务、事务所涉及的法律问题提供法律咨询，提出法律建议，必要时出具书面法律意见书；为委托方审查、修订企业合同、管理制度，规范合同的管理与使用；为委托方审查、修改在经营活动中产生的合同、章程、函电、保密协议、竞业禁止协议等法律文件；应委托方邀请，参与磋商、谈判、审查、修改相关合作文件；为委托方催收应收账款，协助制订不良资产处置预案与处理方案。帮助委托方完善或建立其他内部规章管理制度及运作机制、使经营管理活动符合法律要求、将内部经营管理导入法治轨道；根据委托方专项事务需要，出具法律意见书、社会律师声明、社会律师公告等法律文件。根据委托方要求向有关方面发送社会律师催告函、协商建议函等；协调委托方与政府、媒体等等相关部门的公共关系；对委托方相关人员提供相关法律指导，增强相关人员的法律意识和依法进行经营管理的技能、技巧、能力；对全体员工进行法律培训，提高员工守法意识，保障企业规章制度得到顺利贯彻执行；协助委托方处理涉及工商、税务、环保等方面法务；对委托方有关商标权、专利权、著作权、商业秘密和专有经营权的保护措施的法律文件进行审核，为相关法务提供法律建议，并协助制订相应保密制度和保密协议。当好法律参谋，防范、化解法律风险，建立法律文件档案和相应档案管理制度。

二是为重大经营管理活动提供法律服务。对顾问单位经营、管理方面的重大决策进行法律论证，提供法律依据和法律意见；根据顾问单位的要求，列席股东会、董事会、职工大会等重大会议，提供律师见证或现场法律咨询；顾问单位的法人治理结构（包括董事会结构、股东会结构、监事会结构）的合法性和科学性提供法律建议；协助顾问单位进行税务规划，充分利用现行财务、税收法律的优惠和便利政策，指导顾问单位在法律框架内实现合理避税；参与顾问单位的合并与分离活动，对其法律可行性进行论证；参与顾问单位的股份制改造或资产重组，出具法律意见书和起草、审核相关法律文件；参与顾问单位收购与反收购，配合企业进行法律论证分析，起草、审核相关法律文件并处理相关法务；参与顾问单位投资项目的选择、谈判、设计投资方案、协助寻找投资机会和投资伙伴；参与融资租赁、资产转让等其他重要经济活动，处理相关法务。根据顾问单位的要求，代理顾问单位相关民事、行政的诉讼、仲裁、复议、听证或调解活动，代理劳动争议案件的诉讼、仲裁或调解活动，代理举报、控告损害顾问单位利益的犯罪行为；协助顾问单位调查交易对象的主体资格、工商登记、法律地位、真实身份、背景、经营管理现状、资产状况等，对商业合作伙伴的资信状况进行必要而且可能的尽职调查，必要时出具书面法律意见；及时提供与企业活动有关的法律、法规及国家政策信息。

（二）法律顾问的权利

2004年5月，国务院国资委发布的《国有企业法律顾问管理办法》对企业法律顾问的权利、义务和岗位职责做出了明确规定。

该办法第十一条规定，企业法律顾问享有下列权利：负责处理企业经营、管理和决策中的法务；对损害企业合法权益、损害出资人合法权益和违反法律法规的行为，提出意见和建议；根据工作需要查阅企业有关文件、资料，询问企业有关人员。

（三）法律顾问的义务

《国有企业法律顾问管理办法》第十二条规定，企业法律顾问应当履行下列义务：遵守国家法律法规和有关规定以及企业规章制度，恪守职业道德和执业纪律；依法履行企业法律顾问职责；对所提出的法律意见、起草的法律文书以及办理的其他法律事务的合法性负责；保守国家秘密和企业商业秘密；法律、法规、规章和企业规定的应当履行的其他义务。

七、法律顾问向法务角色转换及职责向职能的转变

2007年2月,国务院国资委印发了《关于进一步加快中央企业以总法律顾问制度为核心的企业法律顾问制度建设有关事项的通知》,该通知提出了各国有企业要按照"总法律顾问岗位到位、法务机构到位、总法律顾问职责到位,企业依法决策、依法经营管理和依法维护合法权益的规章制度健全,企业依法办事水平和国际竞争力得到提高"的总体要求,加快建立健全企业法律顾问制度。

2016年,中共中央办公厅、国务院办公厅印发了《关于推行法律顾问制度和公职律师公司律师制度的意见》,为贯彻落实党的十八大和十八届三中、四中、五中全会精神,积极推行法律顾问制度和公职律师、公司律师制度,充分发挥法律顾问、公职律师、公司律师作用,提高依法执政、依法行政、依法经营、依法管理的能力水平,促进依法办事,为协调推进"四个全面"战略布局提供法治保障。该意见要求:从实际出发,在党政机关、人民团体、国有企事业单位分类推行法律顾问制度和公职律师、公司律师制度,明确政策导向和基本要求,鼓励各地区各部门各单位综合考虑机构、人员情况和工作需要,选择符合实际的组织形式、工作模式和管理方式,积极稳妥实施。

国有企业应建立健全法律顾问、公司律师制度。国有大中型企业可以设立总法律顾问,发挥总法律顾问对经营管理活动的法律审核把关作用,推进企业依法经营、合规管理。

国有企业法律顾问履行下列职责:

（1）参与企业章程、董事会运行规则的制定；

（2）对企业重要经营决策、规章制度、合同进行法律审核；

（3）为企业改制重组、并购上市、产权转让、破产重整、和解及清算等重大事项提出法律意见；

（4）组织开展合规管理、风险管理、知识产权管理、外聘社会律师管理、法治宣传教育培训、法律咨询；

（5）组织处理诉讼、仲裁案件；

（6）所在企业规定的其他职责。

国有企业法律顾问对企业经营管理行为的合法合规性负有监督职责，对企业违法违规行为提出意见，督促整改。法律顾问明知企业存在违法违规行为，不警示、不制止的，承担相应责任。

公司律师履行国有企业法律顾问承担的职责，可以受所在单位委托，代表所在单位从事律师法律服务。公司律师在执业活动中享有律师法等规定的会见、阅卷、调查取证和发问、质证、辩论等方面的社会律师执业权利，以及律师法规定的其他权利。

公司律师不得从事有偿法律服务，不得在律师事务所等法律服务机构兼职，不得以社会律师身份办理所在单位以外的诉讼或者非诉讼法务。

国有企业要按照以下要求充分发挥法律顾问、公司律师的作用：

（1）讨论、决定企业经营管理重大事项之前，应当听取法律顾问、公司律师的法律意见；

（2）起草企业章程、董事会运行规则等，应当请法律顾问、公司律师参加，或者听取其法律意见；

依照有关规定应当听取法律顾问、公司律师的法律意见而未听取的事项，或者法律顾问、公司律师认为不合法、不合规的事项，不得提交讨论、作出决定。

对应当听取法律顾问、公司律师的法律意见而未听取，应当交由法律顾问、公司律师进行法律审核而未落实，应当采纳法律顾问、公司律师的法律意见而未采纳，造成重大损失或者严重不良影响的，依法依规追究国有企业主要负责人、负有责任的其他领导人员和相关责任人员的责任。

职能应该是必须参与高层的决策、经营活动的法律把关；对企业重要经营决策、规章制度、合同进行法律审核；合规管理、风险防控、知识产权、外聘社会律师管理；提法和定位有了较大的变化。

主要是体现职能管理，实行法律风险管理的防范，要和独立的职能部门的工作量相匹配。必须能够和西方大公司的法务接轨。公司律师这支队伍，体制上比较接轨。

八、法务的常规分类和企业管理流程的分类比较

一般来说，法务有以下几种分类方法：一是依照学科划分，按照民法、商法、经济法、行政法等学科分类，法院的立案和审判就是按此分类的，企业的法务相应地分为民法类、商法类、经济法类等，并按此设立相应的部门，中介机构律师事务所也按此进行分类。二是依照企业业务划分，法务的内容产生于生产经营的业务之中，如财务税收、安全环保、资本运作、企业改制、重组并购、对外交易等等，有多少类别的业务会相应地产生多少法律业务，因此法律业务纷繁庞杂，分支较多。三是依照法律业务

的集中度进行划分。一般来讲，企业会将法律业务集中度低、出现频率低、工作量少、简单容易处理的事务，或者与业务紧密相关的法务分散到各业务部门自行管理和处理；将法律业务集中度高、出现频率高、工作量大、技术含量高、难以处理的法务交由法律部门统一管理，集中处理。比如，普法、法律咨询、法律风险防控、合同管理、企业登记的内部管理、知识产权管理、诉讼和非诉讼的处理，被列为法务，这也是国内目前通行的对法务业务的范围界定和分类。

以上几种法务分类方法比较直观、简单易行，有其合理性，但这种分类没有按照企业管理的流程进行划分，有一定的局限性。难以从科学管理的角度进行定位、划分和开展管理工作，应当从管理学的流程角度来进行探讨和分析。

从管理学流程角度讲，企业管理流程大致可分为四类：一是战略发展流程；二是核心业务流程；三是经营管理流程；四是没有进入流程和难以归类的事务性工作。

按照国际通用型流程架构，与公司服务主体类别划分相对应，公司业务流程划分为战略发展类流程、经营业务类流程、管理支持类流程三大类别。

战略发展类流程包括战略管理（风险控制包括公司治理、发展规划、管理结构、经营计划、运营监控和公司报告）和合规管理（合规、HSE、风险控制）两项。

经营业务类流程包括生产、运营、销售等生产经营流程。

管理支持类流程包括人力资源管理、财务管理、投资管理、采购管理、存货管理、资产管理、科技发展、信息管理、合同管理和行政管理流程。

法务进入流程的有两大类：一是战略发展流程中的合规管理，包括法律合规管理，二是经营管理流程中的合同管理。不能进入上述流程的应当归纳为其他事务性工作。

法律合规管理，就是企业要树立依法经营的理念，培育合规管理的文化，强化企业工作人员的法律风险意识和法律效益观念，正确认识违法成本、违法收益和守法成本、守法收益之间的关系，注重稳定、长远、合法的利益，避免不稳定、短期、不合法的利益，把依法决策、合法经营、内控管理作为企业人员的基本理念和行为准则，确保国家法律法规在企业的贯彻和执行，通过法律的合规管理，建立健全法人治理结构，规范企业的组织行为，以国家有关资源、土地、环保、安全生产等方面的行政法律、法规为依据，协调处理好与政府监管的行政法律关系，以相关专业法规来规范内部人力资源管理、财务管理、投资管理、资产管理、知识产权管理等等，培育健全的市场体系和诚实守信的社会风气，保证企业长期、稳定、可持续发展。

合同管理，是指企业通过遵守合同法、招投标法等法律法规，建立以合同管理为主的企业规范化管理方式，即：业务部门通过预算审查、工程量确认、工程质量控制和跟踪监督，实现合同从立项到验收的业务控制；工程造价部门以总预算为依据，细化分类工程价格，控制单项工程成本；质量安全环保部门通过安全生产合同，划分安全环保责任，强化安全生产，避免生产责任事故和不安全因素；审计部门通过事前、事中、事后的合同审计，防止效益流失；法律部门通过主体审查、合同条款内容把关，使合同内容合法、条款严密、主体可靠、栅栏严密，避免交易风险，保证企业横向经济交易往来的顺利进行。

其他法务工作，是指没有进入战略管理和经营管理流程的其他业务派生出来的法务，如，诉讼和非诉讼处理，某一项业务的法律咨询和论证，企业对外投资、担保的法律指导等等。它们产生于企业生产的业务之中，涉及企业管理的方方面面和生产经营的各个环节，工作界面表现为非计划性、非预见性、非统一性、非可控性，散见于各个部门，业务相互交叉重叠，很难从管理流程的角度进行计划安排。统一部署、内部控制、科学管理是法务的职业特点。

九、法务工作面临的问题

"领导不重视"这一句话，充分体现法务作为一个职能部门在企业中的实际状况，也反映出法务人员希望提高领导重视程度的迫切要求，但要使这种状况发生改变，必须认识法务所面临的问题，主要表现在以下十大方面：

（1）法务工作无法进入管理层的常规视野。
（2）法务很难融入日常的生产经营活动。
（3）法律风险防范和业务发展的对立与冲突。
（4）法务总体上体现被动工作的特点。
（5）法务缺乏应有的权威性。
（6）法务参与的公司事务多，负责的公司事务少。
（7）法务缺乏整体性思维。
（8）法务缺乏规范的程序和技术方法。
（9）法务严重依赖法律顾问的个人素质。
（10）法务的独立存在的价值基础遭到质疑。

中国社会律师业目前遇到的所有困境，在法务方面多多少少都存在，问题大同小异，有共性，也有个性，有一般性，也有特殊性，都有历史的影子。困境会长期存在，不单官方，民间认识亦如此。中国企业法律风险防范体系基本完成，社会律师和法务需要正名，让社会以现代法治理念来理解、接受。

"十年来企业领导人的法律意识明显提高；企业的重大法律纠纷，尤其是灾难性的法律纠纷基本减少；过去企业遗留的历史问题基本解决。"在第三届中国法务年会上，周立涛公开表示。

十、新时期法务的定性、定位和价值

法务从没人、没地位、没职责，到现在的职责已经逐渐廓清，外部大环境的法治化正在向利好发展，基础性的工作也已搭好构架，法务已经到了一个关键时期。

新时期法务要发展，要解决以下四个问题：

第一个问题要解决从定性到定位的问题。

谈法务定位之前，我们要谈定性，即谈法务的属性。法务的属性应该是多元化的。

第一，法务职业的政治性。法律属于上层建筑领域，与政治是天生的一对孪生姐妹，在欧美西方国家，法律的政治性更明显。总统、州长或者参议员，都突出了法律人士的作用。

第二，法务职业的多元性。法务是企业员工、管理人员，是半个法律人，部分人员又是社会律师。

第三，法务职业的社会性。法务职业融入社会，对应的地方部门和司法部门在社会。

第四,法务职业的专业性。法务职业更重要的属性在于其专业技巧、法律知识、独特思维。

法务职业是一个充满挑战和极富魅力的职业。每一项工作都极富个性化,都和前一项工作有着不同的特点。因此,公司律师职业的每一天,都充满了新鲜感和挑战感。有人常问:"法律人的乐趣到底来源于何处?"我觉得,法律的有意思之处就是在一个不确定的世界里尽力去寻求确定性和可预期性。正是由于法务职业的挑战性,使法务这个职业具有它独特的魅力。

从这"四性"来看,政治性是法务的高度;多元性是法务的跨度,可前可后、可左可右;社会性是法务的广度;专业性是法务的深度。

明确了定性,就谈定位。

政治性决定了政治人物的定位,法务人员从法律角度来认识和理解党的方针政策、国内经济形势、世界竞争的格局,可能更准确,更有独特的视角。

多元的身份突出了经济人角色,在市场经济当中,法务是最活跃的中介人。在决策、商务洽谈过程中,无论参与谈判还是参与签约,无论合规管理还是风险防范,都扮演着法和商结合的经济人角色。

法务职业既是多棱体又是聚焦镜。社会律师职业是多棱体,它以多个不同的侧面向你展示法务职业的不同形式和不同内涵。需要用你的心去欣赏它、思索它、研究它,才能逐步对这个行业有接近于全面的认。法务职业又是聚焦镜,企业里的人生百态、世情冷暖、各种思潮,特别是各种社会矛盾,都通过法务职业这面聚焦镜得到反映、强化和凸显。我们处理的每一件法务,都不是孤立的,就书本知识到书本知识,而是永远和一定的社会关系、利益关系联系在一起。所以法务职业集中反映、强化、凸显了各种社会矛盾和各种人际关系。

适应社会做社会人，一个好的法务人员，必然是一个好的社会活动家，善于把握决策机会，协调企业职能部门的业务关系和融合，在社会上广交朋友，与公检法司和工商税务等部门打交道，有良好的社会资源。

不管讲政治人、经济人、社会人，更重要的是，法务是半个法律人。不管从哪个角度讲，法务职业最终要落实到法律思维上，即合理思维、风险思维、规则思维、程序思维。

第二问题，要解决从职业到职能的问题，这是法务工作目前面临的最大的问题。

法务职业是专业性极强的职业，公司律师职业以法律专业为基础，必须通过各种接受专业教育的途径和方式；法务还要懂经济，熟知企业生产经营程序和管理知识；具有应用法学理论和企业商务经验相统一的特点；法务职业有自己专门的知识领域，包括专业知识体系和特有的法言法语；法务职业有自己独特的实践领域和特殊的实践经验与职业技能；法务职业有自己独特的专业思维方式和专业行为方式。

社会律师和法务是三百六十行中的一行，《律师法》给社会律师的职业定位，就是接受委托或指定为当事人提供法律服务。《法律顾问暂行办法》对法务的职业定位，就是为企业提供法律服务。

但是我们又不能仅仅把法务看作一个职业，而应当发展到职能。在企业的各级组织和部门中，都有明确的职能，有了职能，才能设立机构和部门，也才能有自己的一亩三分地，有管理的职能、职责、权利和义务。

有专家建言，社会律师不仅仅是谋生的职业，还应承担相应的社会职能。社会律师应突出一个"师"，法律之师、专业之师、道德之师。《律师法》定义社会律师的职能是，"维护当事人合法权益，维护法律的正确实施，维护社会的公平和正义。"从《律师法》第二条第二款的逻辑结构来讲，社会律师通过维护当事人合法权益的工作来维护法律的正确实施，最后达到维护社会的公平和正义。从职能上讲，为国家、为政府、为社会、为当事人服务，首先是为当事人做好工作，然后为社会做更多的事情，当然也包括社会法律服务，这是一个层层递进的关系。

法务职业承载着沉重的责任。这个行业，赖以生存的制度本身，属于上层建筑，法务不仅要为经济基础服务，也要为上层建筑服务，为社会各个阶层提供服务，法务制度本身就是国家民主法律制度不可分割的组成部分。法务职业的多重定位决定了法务承担着经济职能、政治职能和社会职能，不仅要有职业责任感，还要有行业责任感和社会责任感。

法务职业是和公平正义相联系的职业。合规和风险防范就是寻求一条达到公平正义的途径，并努力加以实现。因此公司律师这个行业，将公平正义的抽象理念转化为繁多的行规行纪，转化为丰富生动的公司律师执业技巧，转化为独特的执业理念。

法务的职能是什么？风险管理、合规管理、实务管理、合同管理、招标管理、诉讼管理，保证企业健康安全运行。

第三个问题，要看到从评价到认同的问题。随着依法治企的大力推进，中央企业越来越重视法治理念在企业经营管理中的作用，现代企业法治理念逐步成为企业文化的组成部分。

法治理念逐步树立。随着市场经济的发展和依法治国方略的实施，中央企业逐步培育法治文化、法治理念，"市场竞争、法律先行""加强法制工作同样可以创造经济效益"以及"守法诚信是企业第一生命，违法经营是企业最大风险"等一系列法制工作理念得到广泛传播，中央企业领导干部和广大职工的法制意识明显提高。

依法治企的能力和水平不断提高。国资委通过实施中央企业法制工作三个"三年目标"，企业法制工作全面融入改制重组、上市并购、转型升级、国际化经营等重点领域，保障集团公司改革发展、维护企业合法权益的效果充分显现。中央企业不断健全依法治企的各项规章制度。截至2012年底，114户中央企业中，有73户企业通过制定专项考核办法、签订绩效责任书、专门发文等方式，将依法治企工作纳入对子公司的绩效考核。

企业法律风险防范机制不断健全。绝大部分企业的规章制度、经济合同、重要决策三项法律审核率均接近100%，法律审核质量和效果明显提升。许多中央企业开展了法律风险防范体系建设，建立了一套防范法律风险的长效机制。

法制宣传教育普遍开展。中央企业将"四五""五五""六五"普法工作与企业经营实际状况相结合，积极开展法治理念的宣传，组织形式多样的普法教育，将法律内容逐步纳入各级员工的培训体系中，企业的法治氛围日渐形成，广大干部职工的法律素质有所提高。

总体来说，企业法律顾问制度之所以发展迅速，根本上是因为其适应了市场化、法治化的要求，符合企业发展的客观规律，企业法律顾问制度得到企业的广泛运用，并发挥作用。

第四个问题，明确从地位到作为的问题。

要想有地位必须有作为，法务要努力，做出更多的事情，取得更大的成绩，让社会认可，让高层看见，让企业满意。法务是一个多元化的行业，有很多种，将来法务的发展、角色、表现、地位和作用也是各种各样的，做好自身的管理、法务机构的管理、行业的管理，在管理上有所作为。

法务工作的价值，它涉及法务个人的素质、学识、口才、经验、口碑、修养，运用法律的技巧、解决问题的能力、敬业精神、社会关系等方方面面。具体地说，丰富的专业法律知识和必要的法学素养，是一个优秀法务人员的必备条件。如果说专业知识尚可以通过专业的法律学习或自学等途径获得的话，法学素养就不是朝夕便可速成的了，它需要对法律的笃信、追求、信仰和法律观念对个体的浸润。

法务职业是现代和传统并存的一个职业。法务职业的现代性，表现在社会的发展进步，究其根源，源于经济的发展，而市场经济每一个细小的进步，都会对法务产生巨大的影响。法务必须紧紧跟随社会的政治、经济、文化等各方面前进的步伐。

第三章 法务战略管理与决策支撑

一、决策的含义及基本内容

(一)决策的含义

决策是从多种可行方案中选择最优的方案。它包括决策前的提出问题、搜集资料、预测未来、确定目标、拟订方案、分析估计和优选及实施中的控制和反馈、必要的追踪等全过程。

(二)决策的影响因素

环境因素、历史因素、决策者因素、决策者的经历、胆识、气质、经济实力及对风险的态度会影响方案的选择。喜好风险的人通常会选取风险程度较高且收益较高的行动方案,而保守的人通常会选取风险程度较低同时收益可观的行动方案。

(三)决策的类型

决策的类型有:组织决策与个人决策;初始决策与追踪决策;定性决策和定量决策;战略决策与战术决策;时间敏感型决策与知识敏感型决策;程序性决策与非程序性决策;确定性决策、风险性决策与不确定性决策。

(四)决策的基本原则

决策的基本原则是指决策必须遵循的指导原理和行为准则,有整体性原则、相对满意原则、预测在先原则、可行性原则、经济性原则、民主性原则和决策的民主性原则七项基本原则。

（五）决策的程序

根据决策的基本原则，管理者要按照科学思想进行决策，要求具有合理的决策标准、系统的决策观念、差异性的思维逻辑、民主的决策风格，要实现决策合理化必须遵循科学的决策程序。决策程序大致可分为识别或诊断问题、明确目标、拟定与评估备选方案、优选方案、选择实施战略、监督与评估等六个步骤。

（六）决策方法

决策方法可分为定性决策方法与定量决策方法。

二、战略管理环境要素与分析方法

（一）管理环境分析的重要性

管理总是在一定的环境中进行的，管理的目的之一就是要使组织适应环境，与环境的变化保持协调。对于什么是"环境"，美国著名管理学家斯蒂芬·P·罗宾斯（Stephen P.Robbins）将其定义为"对组织绩效起着潜在影响的外部机构或力量"。任何一个社会群体或组织都是在一定环境中从事活动的，任何管理也都要在一定的环境中进行，这个环境就是管理环境。管理环境的特点制约和影响管理活动的内容和进行。管理环境的变化要求管理的内容、手段、方式、方法等也要随之调整，有利于利用机会，趋利避害，更好地实施管理。

法务管理者的一项重要工作就是弄清楚管理环境能够给法务提供的机会或造成威胁的因素。企业内部条件分析的主要内容有企业资源分析和企业能力分析。企业资源是指企业从事生产经营活动所需的人、财、物的总和。企业资源一般可以分为三大类：有形资源、无形资源和人力资源。按照不同的标准，企业能力可以分解为各种分项能力。按经营职能的标准划分，可以分为决策能力、管理能力、监督能力、改善能力；按经营活动的标准划分，可以分为战略经营能力、生产能力、供应能力、营销能力、人力资源开发能力、财务能力、合作能力和投资能力等。

（二）环境因素分类

1. 外部环境因素。

外部环境因素是社会群体或组织之外的客观存在的各种影响因素的总和。一般有经济环境因素、社会文化环境因素、科技环境因素。

一是经济环境因素：经济环境是指一个国家的宏观经济的总体状况，包括经济体制和结构、经济政策以及变动趋势等多方面内容，涉及国家、社会、市场及自然等多个领域。

经济体制是指国家组织经济的形式。经济体制规定了国家与企业、企业与企业、企业与各经济部门之间的关系，调控和影响社会经济流动的范围、内容和方式等。

经济政策是国家制定的在一定时间实现经济发展目标的战略与策略，这包括很多个方面。

二是社会文化环境因素：社会文化环境是指一个国家和地区的民族特征、文化传统、价值观、宗教信仰、教育水平、社会结构、风俗习惯等情况。

三是科技环境因素：科技环境因素主要是指组织所处的社会环境中的科技要素及与该要素直接相关的各种社会现象的总和，包括新技术、新设备、新材料、新工艺的开发和采用，以及以此为基础形成的组织的经营管理方式的改变与国家科技政策的制定等内容。近 20 年来，一般环境中变化最为迅速的就是技术。最典型的一个例子就是个人电脑。

2. 组织的内部环境因素。

组织内部管理环境除了外部环境外还包括组织内部环境，主要包括经营条件和组织文化两方面。

一是经营条件，任何组织的活动都需要借助一定的资源来进行。经营条件主要包括人力资源、物力资源、财力资源三个方面。

二是组织文化，它包括价值观层、制度层、行为层和物质层四个层次。

三、法务战略管理环境分析

（一）总体环境

第一，国际环境包括国际上的政治环境、经济环境、企业环境、法律环境。现在国际环境越来越复杂，法律问题越来越多。

第二，国内政治环境稳定，党和国家重视法制建设。坚持党的领导，充分发挥党组织政治核心作用，是我国国有企业的重大特色和独特优势。

第三，政商关系面临重大转变。建立新型政商关系，从根本上说，就是要从传统的"寻找关系、建立关系、维护关系、利用关系、发展关系"关系型政商行为模式，转型为"寻找制度、学习制度、利用制度、参与制度修订、监督制度执行"法治型政商行为模式。

第四，国内经济环境。我国正式加入 WTO 以后，企业不仅面临着更加激烈的国际竞争，而且其运行所涉及的法务也随之大量增加。

2013年，习近平总书记在哈萨克斯坦纳扎尔巴耶夫大学和印度尼西亚国会发表演讲时，分别提出共同建设"丝绸之路经济带"和"21世纪海上丝绸之路"合作倡议。

习近平高度重视"一带一路"建设，诸多经典论述在国际社会引起广泛共鸣。"一带一路"在建设中前进、在发展中完善、在合作中成长。

中国出资400亿美元成立丝路基金，成立亚洲基础设施投资银行，与沿线国家在多个领域深化合作……从顶层设计到项目落实，诸多举措正在带动各国经济紧密相连。

第五，企业环境。国资委明确中央企业法制工作要进一步强调"围绕中心、服务中心"，立足于健全完善企业法律风险防范机制，为加快提升中央企业核心竞争力提供更加全面、更加有力的法律支撑和保障。

如今，越来越多的中国企业致力于通过国际贸易与跨国投资成为全球性公司。与此同时，国际竞争方式与规则也在悄然变化，无论是走出国门的中国企业还是在华外资企业，所面临的合规风险都比以往更甚。

第六，市场对法律需求。一是风险防范，二是合规管理，这是企业管理永恒的话题。

第七，法律环境。2014年10月闭幕的党的十八届四中全会描绘了"法治中国新蓝图"，意味着全面推进依法治国事业将进入一个崭新的阶段。对于中国法务群体来说，崭新的一页已翻开。

第八，法务制度环境。从此前国资委出台加强中央企业法制"三个三年"法制目标开始，到党的十八届四中全会吹响全面依法治国的新号角，企业的法务、企业法律人从来没有像今天这样提到一个如此重要的高度。

随后，国务院国资委在中央企业和地方国有重点企业全面实施了企业总法律顾问制度，而且这一工作具有层次高（总法律顾问是公司的高管，相当于企业的副总裁）、要求严（不仅要精通法律，而且必须具备丰富的企业管理经验和高超的组织协调能力）、权责重（对企业经营管理重要决策具有一票否决制）、责任大（不仅对企业防范法律风险具有重大的责任，甚至对于企业的生存和发展也负有重大的责任）的四大特点。

第九，技术环境。科学技术能够帮助社会律师更有效率地提供服务，同时让人民更容易接近法律服务。目前，科学技术已经发展到了人工智能阶段，未来有没有可能有一天电脑可以替代传统的人力进行智能分析，出现 AlphaGo 社会律师？

第十，法务市场需求环境。2014 年 11 月 13 日，《人民日报》客户端连推三文，称中国大陆急缺社会律师约 400 万，除 150 万公职律师外，还缺社会律师约 170 万和公司律师 80 万。社会律师和公司律师都应属同一类自由职业者。公司律师是专被企业、银行、商户、团体等聘用的律师。

（二）法务价值环境

在未来，法务人员的多重价值会逐渐清晰起来。从支持交易的合同审核、法律尽职调查、法律方案设计、出具法律意见、三重一大事项法律审核，到控制风险的案件处置、合规管理、制度建设，最后到介入管理的战略建议、企业治理、业务取舍。这些都是法务人员可发挥价值的领域。明日世界的法务人，其价值领域只会越来越广、越来越深。法务人员也必须给企业带来更多的价值，超过其他法律服务提供者（主要是指社会律师），也才有立足于企业的基础，法务这个行业也才能兴起与发达。

过去十年，我们确实见证了全球公司律师的迅速发展和思想变革，特别是公司律师的职业规模和服务范围都得到显著扩张。我们是时代的幸运儿，因为正好赶上中国经济的腾飞和中国公司走出去的浪潮，成为中国第一批有国际视野的 CLO，真正见识了西方先进的法务管理思想和最佳实践。

（三）总法律顾问面临的系统环境

总法律顾问面临的系统环境，可从宏、中、微观三个层次进行观察。

从宏观上看，总法律顾问面临的工作环境，是总法律顾问在企业面临的经济大环境。这与经济发展、法治进程密切相关。现代企业普遍要应对以下几大主题：如何持续应对无处不在的风险，如何保证合规运作以适应越来越严格的法律制度，如何快速变革以应对战略发展的需要，如何保持发展以在市场竞争中仍能占有一席之地，等等。

风险、合规、变革与发展，是企业生存与发展的重要主题，也是企业总法律顾问工作面临的宏观环境。总法律顾问一方面要深刻认识到企业可能遭遇的风险，另一方面也要认识到企业必须不断变更、发展。

从中观上看，总法律顾问面临的工作环境，是企业内部各部门与法务部门的互动关系。企业中，从管理层到基层员工，都会与法务部发生"业务关联"。他们如何看待法务部门，这既是法务部门，尤其是总法律顾问是否能顺利工作的前提，也是法务部门工作产生成果的重要条件。总法律顾问既受中观环境的直接影响，又会直接改变中观环境。

从微观上看，总法律顾问面临的工作环境，是法务团队自身的结构与配合问题。法务团队各成员是否充分理解总法律顾问的工作理念，是否与总法律顾问站在同一立场上考虑法务问题，是总法律顾问所必须考虑的微观环境因素。

总法律顾问身处宏、中、微观系统环境中，其工作成果既是环境的产物，同时其成果也会影响环境。

四、法务自身环境的认识和假定

（一）从体制上说

首先，立法体制的完善。立法体制的完善是全面推进依法治国的前提和基础。党的十八届四中全会审议通过的《中共中央关于全面推进依法治国若干重大问题的决定》（以下简称《决定》）指出："依法建立健全专门委员会、工作委员会立法专家顾问制度。"作为法律精英，社会律师（包括公司律师）可以成为重要一员。参与立法协商，包括立法中涉及的重大利益调整论证咨询和公共参与立法。

其次，依法治企的需求与法务的法定化。就主体而言，法务是企业法治的核心智库，公司律师在企业组织中是一个必要的法定条件而非选择性事项。中共中央办公厅、国务院办公厅印发了《关于推行法律顾问制度和公职律师公司律师制度的意见》，为贯彻落实党的十八大和十八届三中、四中、五中全会精神，积极推行法律顾问制度和公职律师、公司律师制度，充分发挥法律顾问、公职律师、公司律师作用，提高依法执政、依法行政、依法经营、依法管理的能力水平,促进依法办事,为协调推进"四个全面"战略布局提供法治保障。

法务的法定化是依法治企转向的基本要求。

就程序而言,公共参与、专家论证、风险评估、合法性审查和集体讨论决定是重大经济决策的法定步骤,缺一不可。

再次,法治社会与律师的公益化。律师不只是私主体,在一定意义上还是公主体,担负着一定的公共职能,可以弥补国家公权力在治理中的不足。

最后,法治服务与律师的类型化。一是律师分类管理。构建由社会律师、公司律师和公职律师三者组成的社会律师体系,明确公职律师、公司律师的法律地位;二是扩大律师服务领域,为提升竞争力而形成各类法律服务人员同时并存、良性竞争的法律职业氛围。

(二)从业务层面讲

基于大量的审判实践经验,企业大量的诉讼和法律风险是可以通过事先的管理和预防进行避免。

对当下的司法体制深刻认识,企业和百姓的诉讼风险和成本会越来越大,避免诉讼是最好的选择。

商人以生意为本,企业家以企业为本。企业发展到一定的时候,必须像打造汽车一样打造自己的合规经营管理系统。基于以上的认识和判断,从帮助企业不打官司和少打官司的动机出发,把法律风险管理当作了自己的专业和工作方向,进而深入研究中国的传统文化以及传统文化下人的思维模式和行为模式特点,把企业成长和发展的规律与人性的特点和演变规律结合起来。从文化的要求和人性特点驾驭和管理企业的风险,并结合社会律师提供法律服务的特点，逐步将法务工作系统化和专业化。

五、管理策略

（一）管理策略的含义

管理策略是指根据客观形势或主观情况的发展变化而制定的行动方针或方式，是为实现战略目标而采取的手段、方法和途径的总称。

（二）管理策略的特点

1. 适度性

在事物所能容纳的量的活动范围内，能够恰如其分地体现和最好地满足人们实际需要的量，就是最佳适度量。做任何事情都要掌握分寸，对管理策略的运用也不例外。要达到适度就要做到以下几点：一是领导者要掌握好"过"与"不过"之间的界限，既要造成一定的压力，又要使部属不过于紧张，使紧迫感与下属自身因素及当时的客观条件相适应，否则就会事与愿违，达不到预期的目的。二是处理好"动"与"静"之间的控制界限。"动"指管理工作的不断发展、变化状况。"静"指管理工作的相对平衡状态。对于管理者，工作不能搞绝对的快节奏，也不能求稳怕乱。三是在"刚"与"柔"之间的正确选择。管理者在处理问题时要刚中带柔、柔中带刚、刚柔并济。四是在"大"与"小"之间适度把握。这里的"大"是指关系全局、涉及整体利益的原则性问题，这里的"小"主要是指那些无碍大局的次要问题。在大与小的问题处理上，要坚持"大事要争、小事要让"的原则。

2. 创造性

创造性是管理策略最重要的特征。管理策略体现了管理者打破常规的一种生机盎然的创造性。创造性表现为管理者善于从大量事务的复杂关系中判断最重要、最本质、最有决定意义的因素，善于找准解决问题的突破口，做出常人不能做出的创新举动。

3. 灵活性

管理策略的灵活性是指从实际出发可以做出的必要调整。管理活动是一个非常复杂的活动，管理者在实践中遇到的问题是形形色色的，大多数问题介于常规与非常规、定量与非定量之间，需要管理者进行正确裁决。管理者只有从实际出发，根据具体情况灵活运用管理原则与方法，才能适应不断变化的新情况，才能真正提高管理效能。

4. 技巧性

管理本身既是一门科学，也是一门艺术，作为一门艺术，它具有一定的技巧性。这种技巧是指巧妙地运用管理方法与原则，高效实现管理目标的措施或手段的总称。任何决策和方案如果离开了巧妙的管理方法和艺术，都将得不到有效的落实。

六、法务工作的专业化、规模化和品牌化

（一）中国法务工作的专业化、规模化和品牌化

我国加入世界贸易组织（WTO）后，中国法律服务市场将面临一系列新挑战，众多跨国公司扩大了在中国的投资和经营，中国进行企业改制重组、更多地参与国际经济贸易，这为律师业带来了进一步开拓业务的良机，同时也将面临很多问题：一是业务

的竞争，二是人才的竞争，三是管理的竞争，四是素质的竞争。法务应积极面对"入世"挑战，紧紧抓住"入世"机遇，完善法务管理机制，提高法律管理水平，使法务管理专业化、规模化、品牌化、国际化、公司化、标准化。

法务要实现品牌化、规模化发展，必须依据"让最合适的人做最合适的事"的原则，对法务进行适当的划分，法务人员应当依据自身的综合素质与发展阶段进行定位，并向自己希望达到的人力资源层级努力奋斗。

法务队伍的划分应当以给法务一个科学合理的发展阶梯为目标，使每一个法务人员经过"打基础阶段—提升技能阶段—树立品牌阶段"三个阶段的发展，最终成为品牌法务的。

法务人员在树立品牌阶段要在深厚的法律功底的基础上，对某些法律进行深入细致的专题研究，从而成为某一法律领域的专家。

专业化、规模化是我国法务改革与发展的必然选择。规模化是我国律师业改革与发展的必要保证。品牌化是我国律师业改革与发展的必由之路。要想在竞争激烈的市场中立于不败之地，就必须创建自己的品牌，而品牌化需要高素质的队伍、高质量的服务、高效率的管理来保证。

（二）法务工作的全球化

全球化的含义可以简单概括成三个方面：服务对象（客户）的全球化、服务内容（涉及法律和规则）的全球化和服务水准的全球化。

随着国内公司到海外融资、到海外应诉维权，也需要有能力的公司律师一起走出去。在全球化的时代，我们的公司律师要熟悉我们自己的法律、政治和文化,要懂法务、懂商务、会外语,能流利地用外语直接与外国人交流,直接参与到整个投资项目的构架讨论、谈判以及文件起草中,公司律师才能真正融入全球化的进程中。

法务管理要走规模化、专业化、公司化的发展方向,需要培养和选拔一批懂法务、懂管理、懂商务、有敬业奉献精神的人。

七、总法务官的管理策略运用

(一)法务管理者的自我管理策略

法务部门的领导人,作为一个管理者,要学会管理别人,在行使管理职权之前,首先要学会自我管理。

做好自我管理要坚持三项基本原则:(1)要有明确的管理目标。管理者要有自己的职业管理目标。有目标的人和没有目标的人在认识上有很大差别。(2)要树立远大志向,培养好的精神面貌,养成良好的生活态度和个人承受能力及个人心态,建立良好的人际关系等。(3)工作要讲求效率,充分发挥自己和团队的优势,提高工作效率。

(二)总法务官的自身战略管理

诺亚财富副总裁兼CLO郭建军撰文谈总法务官的自身战略,具有前瞻性。他在"CLO作为守夜人的品格"中说道:

如何才能成为企业合格的守夜人,让企业的决策者与经营者承认我们守夜人的角色与作用呢?

CLO想成为内部人认可的守夜人,首先需要正直的品格,在企业重大决策过程中，CLO 更应该对管理层和董事会以诚相待，对发现的问题与存在的风险直言不讳。其次 CLO 做好守夜人要建立理性思维与理性判断。不管如何努力，我们所得到的信息永远是不对称的，我们对市场与未来的判断永远是不确定的，决策始终与风险并存。再次，CLO 应该保持相对独立，独立的职业操守是公司治理中难得的素质，更是现代市场秩序不断扩展的根本动力。在企业面对重大风险、重大利益等关键时刻，CLO 必须独立发表职业意见，并在企业的决策、运营、实践过程中主动建立 CLO 履职的独立环境与文化。

仅仅拥有这些品格还不够，我们知道，许多西方大公司的外聘 CLO 都是从一个完全不同于现任企业的行业中聘来的。而相比之下，在空降至某企业的 CEO 和 COO 中，仅有很少一部分来自不同领域，这也从侧面体现了 CLO 在不同行业适应环境的强大专业品行。低调、保守、慎言成就了 CLO 和其他企业高管区分开来的最明显的标签，但要成为一个优秀 CLO，更需要有独立的判断和超强的商业意识，还有对业务的透彻了解以及战略性的眼光，这些专业的品行更有助于 CLO 胜任守夜人职责。

总法务官的重要性不言而喻，同时与之相应的，对总法律顾问的素质和战略管理也提出了更高的要求。天同律师事务所曹茜提出总法务官应有"十八般武艺"：具备超凡远见，推进业务发展，具有特定行业知识，通晓财务知识，拥有跨领域的知识，防范预测风险，关注政策动态，识别培养人才，善于激励他人，妥善处理人际，管理外部资源，敏锐的判断力，卓越的领导力，果敢的决断力，良好的沟通力，坚守职业道德，工作认真刻苦，国际视野开阔。还要学会检验和检讨自己。实践是检验真理的标准,自我实践的目标正确与否,需要实践来检验。要坚持"以人为镜",及时收集、征求同事们的意见和建议,检查自我管理的实际效果。

八、法务人员自我管理策略的运用技巧和方法

法务人员要把握机遇,顺势而为,成为时代的弄潮儿,一头扎入企业的深水之中,要摸清以下情况,掌握管理策略并加以运用。一是借助图表和摘要,快速了解公司经营方针和组织架构;二是了解公司发展沿革和企业文化;三是充分调研公司所属行业和市场环境;四是深入阅读公司各种公开文件和报告,包括公司章程以及股东决议等;五是认真研读公司过去两年的其他公开文件;六是审查供应商、承包商、服务商、合作伙伴的业务、运营、市场、客户部门的专业人员沟通,针对具体问题深入研究;七是当公司涉及重大交易,比如在并购、重组或IPO过程中出现系列问题时,仔细阅读公司的尽职报告,报告应当包含公司所有底层运营和法律相关的材料,包括章程、合同、营业执照、许可授权文件以及各项政策声明等等,为企业决策把好关;八是审阅董事会及委员会的会议记录与决议;九是会见外部会计师和律师,充分交流,了解与他们的合作现状,考虑如何科学管理外聘机构,帮助公司更好的发展。

第四章 法务的工作计划与目标管理

一、基本概念

（一）计划的概念、作用、特征、形式和方法

计划是指制定计划、执行计划和检查计划三个阶段的工作过程。计划的作用有4个方面：一是为组织的稳定发展提供保证；二是为有效筹集和合理配置资源提供依据，降低风险；三是减少浪费；四是为检查、考核和控制组织活动奠定基础。计划的基本特征有5个：目的性，主导性，普遍性，效率性，创造性。计划的形式：计划是朝向未来的，是要付诸实施的。明确了这一点，就能理解计划实际上是由多种形式呈现出来的。美国管理学家哈罗德·孔茨和海因茨·韦里克把计划形式从抽象到具体分为9个层次：使命或宗旨，愿景，目标，战略，政策，程序，规则，规划，预算。计划编制的方法：计划工作效率的高低和质量的好坏，很大程度上取决于计划编制的方法和管理技术。传统的计划编制方法只有综合平衡法，现在看来已难以适应组织所面对的复杂而多变的外部环境，需要将综合平衡法的运用与现代管理技术结合起来。现代计划方法大量采用数学、计算机科学的成果，不仅提高了计划工作的质量，而且大大加快了计划工作的进度。

（二）目标管理的含义、特点、程序和规则

目标管理是一个全面的管理系统，它用系统的方法，使许多关键管理活动相互结合起来，高效率地实现个人目标和组织目标。具体而言，它是一种通过科学地制定目标、实施目标、依据目标进行考核评价来实施组织管理任务的过程。从形式上看，目标管理是一种程序和过程。一切管理活动以制定目标开始、以目标为导向，以目标完成情况作为管理依据。

目标管理的特点：目标管理运用系统论的思想，通过目标体系进行管理；目标管理是一种民主的、强调职工自我管理的管理制度；目标管理强调成果，实行"能力至上"。

目标管理的程序实施在不同的应用领域，其实施步骤也不尽相同。就一般而言，目标管理包括2个步骤：制定总目标，目标分解。目标分解就是将总目标层层分解落实到各个部门、班组和职工个人，即制定分目标，形成目标体系。具体地讲，目标分解应做好四个方面的工作。首先，上级管理人员应向下属说明上级目标的内容，包括数量、质量、时限和任务要求，征求下属意见。其次，上下协商，确定下属的目标和任务，必须使下属的目标和任务符合三个要求：一是具体，二是与上级目标达到协调一致，三是有明确的时间要求。这一过程是反复的，直至上下满意、认可为止。再次，在协商中，根据下属所承担的目标和任务分配资源，如人员、资金、设备等，以保证目标的实现。上级对下属合理的要求应予以满足。最后，制定相应的考核和评价办法，确定目标实现的报酬和奖惩标准。

目标管理方法如下：

(1) PDCA 循环规则。

P，制定目标与计划；D，组织实施任务；C，对过程中的关键点和最终结果进行检查；A，纠正偏差，对结果进行标准化，并确定新计划。每一项工作，都是一个 PDCA 的循环，只有在日积月累的渐进改善中，才可能有质的飞跃。

(2) 5W2H 法。

What，工作内容目标；Why，做这项工作的原因；Who，负责人和参与人员；When，什么时间进行工作；Where，工作发生的地点；How，用什么方法进行；Howmuch，需要多少成本。经常用"5W2H 法"思考，有助于我们思路的条理化，杜绝盲目性。

(3) SMART 原则。

S，要具体；M，可度量；A，可实现；R，现实性；T，时效性。在制定工作目标时，考虑一下目标与计划是否 SMART 化。只有具备 SMART 化的计划才具有良好可实施性，才能保证计划实现。

(4) 任务分解法。

分解原则，将主体目标逐步细化分解，最底层的任务活动可直接分派到个人去完成，每个任务原则上要求分解到不能再细分为止；分解方法，由自上而下与自下而上地充分沟通，一对一个别交流和小组讨论；分解标准，分解后的活动结构清晰，逻辑层次明确。这样才能有条不紊地工作，才能统筹安排时间表。

(5) OGSM 计划法。

"O"代表目的；"G"代表具体细化的目标；"S"表示行动策略；"M"表示衡量指标。此方法可用于策划促销活动、活动方案等比较具体的事情。

二、法务的工作计划和目标管理

以前法务单打独斗的比较多，但现在不行，尤其是从事非诉讼业务的公司律师。有时候做一个项目需要工程、技术、业务等部门数十个人，围绕企业商务目标，如何去完成任务，首先必须制定好的计划和目标。

（一）确立目标

法务的目标与外部社会律师的目标不一样，法务人员应该把所有的法律业务都放到整个企业的业务框架中，而不仅仅是单纯地盯着法务合同审查和案件处理。越来越多的法务部门参与到企业的战略设计和决策中，并且在整体风险控制中发挥着越来越重要的作用。

（二）学会分类管理

任何事情根据重要性和紧急性均可分为四类：重要而紧急的、重要但不紧急的、不重要但紧急的、不重要也不紧急的。

当你将一个任务是否列入主线任务、提前多少时间交给团队处理，以及交给团队中哪个成员处理的时候，都可以此为依据进行安排。

分类管理：重要而紧急的，可以先列入主线任务，亲自处理，将一些支持工作交给团队；重要而不紧急的，提前请团队进行准备、支持工作，然后亲自处理；不重要但紧急的，请团队中得力的人立即处理，要求其随时汇报进度，并及时解决其中可能出现的问题，因为不会有返工的时间，然后根据具体情况决定自己是不是看；不重要也不紧急的，安排给团队，甚至作为新人的练手任务，由老人监督，只要安排好完成时间，然后听取汇报。

（三）时间计划，提高团队管理效率

总体时间要根据单个项目进行协调安排，单个项目一定要列工作时间表，以便能对一个项目需要的时间总量以及在某个时间段或者时间节点上需要的时间有所预期，从而对未来资源的分配有个概念，并能提前准备。

（四）坚持凡事预则立、不预则废

严谨细致制定好工作计划，工作计划有年度计划、月度计划、周计划。每天的工作，要学会高效率且突出重点地安排。

从事任何职业都涉及如何有效率、有重点地安排工作，不仅要负责项目、处理日常工作、跟客户沟通，还要兼顾管理事务，如果日常不锻炼执行多项任务的能力，则无法承担资深法务的职责。安排好各项工作的优先次序、轻重缓急后，在集中的时间段内专心完成最紧要的工作。

一切都是"细节为重"，这是计划的灵魂。社会律师和法务出具的"产品"，无论口头表述还是文件撰写，都要求正确、精确、一致、全面，法务的字典里永远不要有"近乎""大概""多半可能"这类表述，应力求语言精准。法务在尽职调查后帮助客户进行分析、纠偏、查缺补漏。同时，要保证合同中的各项表述前后一致，如果涉及不同语言之间的翻译，务必推敲出最精确、符合语境的翻译，这些都是准确与精确的体现。

笔者推崇《总经理每天必须做的事》这篇文章，其中有一部分内容值得认真学习，转述如下：

不仅是总经理，每个人，尤其是每个管理者都应学习和运用。

一是每天做的事：

总结自己一天的任务完成情况；

考虑明天应该做的主要工作；

了解至少一个片区销售拓展情况或进行相应的指导；

考虑公司的一个不足之处，并想出准备改善的方法与步骤；

记住公司一名员工的名字和其特点；

每天必须看的报表（产品进销存、银行存款等）；

考虑自己一天工作失误的地方；

自己一天工作完成的质量与效率是否还能提高；

应该批复的文件；

看一张有用的报纸。

二是每周必须做的：

召开一次中层干部的例会；

与一个主要职能部门进行一次座谈；

与一个你认为现在或将来是公司业务骨干的人交流或沟通一次；

向你的老板汇报一次工作；

对各个片区的销售进展总结一次；

召开一次与质量有关的办公会议；

纠正公司内部一个细节上的不正确做法；

检查上周纠正措施的落实情况；

进行一次自我总结（非正式的）；

熟悉生产的一个环节；

整理自己的文件和书柜；

与一个非公司的朋友沟通；

了解相应的财务指标的变化；

与一个重要客户联络；

每周必须看的报表；

与一个经销商联系；

看一本杂志；

表扬一个你的骨干。

三是每旬必须做的：

请一个不同的员工吃饭或喝茶；

与财务部沟通一次；

对一个片区的销售进行重点帮助；

拜会一个经销商。

四是每月必须做的：

对各个片区的销售考核一次；

拜会一个重要客户；

自我考核一次；

月财务报表；

月生产情况；

月总体销售情况；

下月销售计划；

下月销售政策；

下月销售价格；

月质量改进情况；

读一本书；

了解职工的生活情况；

安排一次培训；

检查投诉处理情况；

根据成本核算，制订下月计划；

考核经销商一次；

对你的主要竞争对手考核一次；

去一个在管理方面有特长，但与本公司没有关系的企业；

有针对性地就一个管理财务指标做深入分析并提出建设性意见；

与老板沟通一次。

五是每季度必须做的：

季度项目的考核；

组织一次体育比赛或活动；

人事考核；

应收账款的处理；

库存的盘点；

搜集全厂员工的建议；

对劳动效率进行一次考核或比赛；

表扬一批人员。

六是每半年必须做的：

半年工作总结；

适当奖励一批人员；

对政策的有效性和执行情况考评一次。

七是每年必须做的：

年终总结；

兑现给销售人员的承诺；

兑现给经销商的承诺；

兑现给自己的承诺；

下年度的工作安排；

厂庆活动；

年度报表；

推出一种新产品；

召开一次职工大会；

回家一次。

（五）统筹安排

统筹安排，是如何在有限的时间内最大化地完成那些需要完成的工作。事情要分先后与轻重缓急，在此基础上，才能完成好统筹安排与合理规划。

如何做好统筹安排、合理计划，法务工作可采取四个步骤来解决：穷尽列举所有的问题；针对上述问题是否需要进行逐一探讨；列明每一个问题与相匹配的解决方案，按照重要性规划时间表，并分析每一个亟待解决的问题所需配备的资源；按照时间表和资源需求分配工作任务。

三、法务计划管理实例

下面列出是一个油田企业的计划工作体系和工作思路及目标管理方案。

（一）法务体系

目标	内容	任务和要求
一个理念	树立依法经营理念	1.强化经营管理人员的法律风险意识和法律效益观念 2.正确认识违法成本、违法收益和守法成本、守法收益之间的关系 3.注重稳定、长远、合法的利益，避免不稳定、短期、不合法的利益 4.把依法决策、依法经营管理作为经营管理人员的基本理念和行为准则，塑造公司富有社会责任感和公众信任感以及造福员工的形象
二个确保	（一）确保国家法律法规在公司的贯彻 （二）为确保业绩指标完成提供法律支持	1.根据《企业法律顾问暂行办法》，企业法律顾问的首要职责是协助企业领导正确贯彻实施国家颁布的调整、规范和管理企业的相关法律、法规、规章。 2.围绕生产、经营中心，通过法务和合同管理工作，为公司业绩指标的顺利完成提供法律支持。
三个提高	（一）法律意识的提高 （二）法律知识水平的提高 （三）法律管理水平的提高	1.确立依法经营理念，从经济、法律、行政等相结合的角度认识解决生产经营中的问题。 2.管理人员掌握和运用与自己工作业务有关的法律法规知识，员工学法、守法、用法。 3.适应公司上市对企业管理方式转变的要求，实行以合同为主的规范化管理。
四个业务范围	（一）规范公司的组织和行为 （二）规范公司的市场交易行为 （三）规范行政法律关系 （四）规范劳动法律关系	以公司法和股份公司章程为依据，规范公司的组织和行为，建立公司持续发展的法律基础。 以合同法、招标投标法为依据，健全合同管理制度，完善合同管理流程，规范公司市场交易行为，确保公司交易安全。 以国家有关土地、环保、生产安全等方面的行政法律、法规为依据，协调处理行政法律关系，创造良好的外部环境。 以劳动法为依据，规范劳动关系，建立劳动合同制度，强化劳动合同管理，预防和减少劳动纠纷。

续表

目标	内容	任务和要求
五个保护	（一）决策保护	通过法律咨询论证，使公司的各项决策合法合规，避免法律风险和失误。
	（二）交易安全保护	通过合同栅栏，防止外部的不良欺诈和侵害，并依法处理纠纷，维护公司合法权益。 手段：合同的合法性（合法性：内容合法、条款严密、栅栏可靠、防止欺诈与外部侵害、避免交易风险）、可行性、经济性 措施：建立以合同为主的企业规范化管理方式，各部门通过合同管理平台，实现管理职能，齐抓共管，保证经济安全运行，达到依法经营的目的。即：业务部门通过预算审查、工程量确认、工程质量控制和跟踪监督，实现合同从立项到验收的业务控制；工程造价部门以总预算为依据，细化分类工程价格，控制单项工程成本；质量安全环保部门通过安全生产合同，划分安全环保责任，强化安全生产，避免生产责任事故和不安全因素；审计部门通过事前、事中、事后的合同审计，防止效益流失；法律部门通过主体审查、合同条款内容把关，使合同内容合法、条款严密、主体可靠、栅栏严密，避免交易风险
	（三）维护生产秩序	对妨碍生产的侵权行为，提起诉讼，申请强制执行，确保生产秩序。接受委托，代理诉讼，保护公司和员工的合法权益
	（四）知识产权保护	1. 专利权保护 2. 商标权保护 3. 版权保护 4. 企业名称保护 5. 商业秘密保护
	（五）行政法律关系保护	1. 依法抵制乱收费、乱摊派、乱罚款，防止效益流失 2. 通过行政复议和行政诉讼，处理各类行政纠纷 3. 以国家有关土地、环保、生产安全等方面的行政法律、法规为依据，规范行政法律关系，与政府协调配合，创造良好的外部环境 4. 通过劳动合同、员工安全生产合同，维护公司利益和员工的合法权益

续表

目标	内容	任务和要求
五大功能	（一）管理功能	法务处作为企业的一个管理部门和机构，负有贯彻落实国家法律法规责任，通过依法管理、合同管理、企业工商登记管理、商标和专利管理、对外对内委托授权管理、企业法律文书管理等（石油企业还有矿权管理），使企业法律行为规范化
	（二）保驾护航功能	在市场经济中，企业横向经济往来，合同变更、撤销、违约责任、不可抗力、不履法律行为，都直接影响着企业经济利益的实现，甚至会把企业拖入负债、倒闭、承担刑事责任的深渊。在这种情况下，法律人员代理参加调解、诉讼、仲裁活动，维护企业合法权益，就是为企业保驾护航
	（三）服务功能	法务是管理和服务的统一，从职能来讲，是依法治厂、依法管理，从工作性质来讲，无论是诉讼、合同审查、法律咨询等，都是一个法律服务的过程
	（四）参与功能	法务贯穿于企业的设立、变更、关、停、并、转等方面，渗透于企业的生产、经营活动中，交叉于各管理部门。因此，参与重要规章制度的起草、审查，参加重大合同的谈判、签订，参与企业的合并、分立、破产、投资、租赁、资产转让、招投标及公司重组、改制等涉及企业权益的重要经济活动，是企业法律顾问工作走向高层次的趋势
	（五）教育功能	通过普法增强管理干部的法律意识，提高企业员工的法律知识水平，使大家学法、懂法、守法、用法

（二）法务工作思路

目标	内容	任务和要求
建好一支队伍	学历高、素质好、能力强的法律人才队伍	吸收法律专业人才，加强法律人员培训，建立一支与公司大发展相适应的法律人才队伍
完善两个体系	（一）法务管理体系	明确法务职责、权限和工作程序，建立法律顾问工作报告、述职、业绩考核制度，逐步推行集中管理和授权管理相结合的法律管理体制和双向负责机制，形成上下贯通的法务体系和运行机制
	（二）法务制度体系	制定和完善合同管理、案件诉讼、工商登记等专业法务制度，建立各项业务运作流程，形成法务制度体系
达到三个层次	（一）依法决策	参与企业重大经营决策活动，提供法律咨询论证，确保企业经营决策的合法性和可行性
	（二）依法经营	通过公司各项工作制度和工作流程，使公司的一切生产经营活动，一切商业行为都能依法进行，防范法律陷阱和风险
	（三）依法维权	坚持预防为主，诉讼为辅的原则，运用法律手段，依法处理行政、民事、经济诉讼和非诉讼案件，维护企业合法权益
扭转认识上的四个误区	（一）位置误区	走出企业法律部门是虚设机构的认识误区，摆正法务的位置
	（二）范围误区	走出法务仅仅是处理经济纠纷的误区，充分发挥法务的功能
	（三）工作方式误区	走出法务是被动服务、顾问方式的误区，积极主动地开展法务
	（四）合同审查误区	走出合同管理主要是条文审查和档案管理的误区，全过程、多方位、深层次把好合同关
实现五个结合	（一）与生产实际相结合	结合生产过程中出现的热点、难点问题开展工作，保障企业生产活动顺利进行，维护企业合法权益
	（二）与经营工作相结合	介入招投标、合同谈判、经营决策等重大经营活动，加强合同管理，确保经济运行安全平稳
	（三）与队伍素质、法律体系相结合	通过提高法律队伍素质和健全法务体系及运行机制来促进法务整体水平的提高
	（四）与普法教育相结合	以普法促法务工作，通过普法提高全员的法律素质和依法决策、经营、维权
	（五）与其他部门相结合	建立法律业务部门与各专业部门之间相互配合、相互制约的互动机制，使法务融入各专业工作之中

续表

目标	内容	任务和要求
处理好十个关系	（一）服务职能与监督职能的关系	在工作中为基层服务，在服务中加强监督，改进工作作风，提高办事效率
	（二）企业管理与合同管理的关系	合同管理是企业管理的重要组成部分，通过合同管理来加强企业管理工作
	（三）合同管理与法务的关系	合同管理是法务的基础工作，加强法务工作，首先要加强合同管理工作
	（四）合同订立审查与付款审批的关系	订立审查是事前把关，保证合同条款齐全、内容合法、避免法律风险；付款审批是事后监督，保证全面履行，防止效益流失
	（五）法务处与二级单位合同管理部门的关系	二者是一种上下级业务关系，其目的、利益相一致，共同遵守一个管理规定
	（六）合同管理部门与业务部门之间的关系	合同管理是一项系统工程、综合工程，需要合同管理部门与各业务主管部门齐抓共管，相互支持和配合
	（七）坚持原则与方便基层的关系	既要坚持原则，按程序办事，又要端正服务态度和提高办事效率
	（八）合同管理与经济效益的关系	加强合同管理，堵塞漏洞，减少经营风险，就是提高了企业的经济效益
	（九）法务五大职能之间的关系	法务的筹划、管理、控制、咨询、补救五大职能是法务的综合系统职能，相互衔接，相互补充，不可偏颇
	（十）关联交易与对外经济合同的关系	关联交易是一种特殊的对外合同关系，在坚持对外合同管理基本原则的前提下，实行优惠政策和特殊保护

(三) 法务工作安排（依石油企业为例）

序号	专业系统	工作目标	工作内容	工作标准
1	油气勘探开发	保证公司油气勘探开发行为合法进行，维护公司油气资源勘探、开发权	（一）按矿产资源法律法规规定，及时办理勘查许可证、采矿许可证	有勘探、开发许可证；按勘探、开发许可证依法勘探、开发
			（二）保护公司油气资源勘探权、开发权不受侵犯	及时发现其他单位或者个人的侵权行为；侵权行为得到有效制止，公司合法权益得到最大维护
2	土地征用与管理	保证公司土地征用行为合法有效；保证公司土地使用不受非法侵犯	（一）依法办理土地征用手续，确保征地行为合法有效	土地征用程序合法；取得的土地使用权证合法有效；依法缴纳各项税费，支付各类征地费用
			（二）建立土地征用工作流程，对公司土地使用现状进行检查，针对存在的问题进行整改	查清公司土地现状及正在使用但手续不完善情况，提出整改意见并进行整改；及时发现公司土地权益被侵犯情况，最大限度维护公司合法土地权益
3	质量标准管理	保证公司生产的产品及提供的服务符合国家标准；保证公司生产中使用的物资符合相关标准和实际需要。	（一）根据有关法规规定，制定安全管理制度，完善工作标准	有关质量管理制度健全；质量管理工作标准完善
			（二）对公司使用的物资和工作过程进行现场监督、检验，控制质量	及时监督检验并通报检验结果；对发现的质量问题及时处理
4	安全监督管理	保证公司生产建设符合国家有关安全法律法规规定，保证公司生产安全平稳运行。	（一）根据国家法规，建立公司安全管理制度	安全管理制度建立健全；安全管理制度符合法律规定
			（二）对固定场所及移动作业进行安全监督检查	监督现场安全制度执行情况；找出存在事故隐患；及时整改或者提出整改方案
			（三）落实股份公司安全生产合同管理通则，建立公司安全生产合同制度	按公司要求，制定安全生产合同文本；组织签订安全生产合同；及时对安全生产合同的订立、履行进行监督、检查

续表

序号	专业系统	工作目标	工作内容	工作标准	
5	环境保护监督管理	保证公司生产建设符合国家环保法律法规规定	清理、完善并负责落实公司环境保护监督管理规章制度	环境保护工作符合国家法律法规规定；公司环保制度落实到位；及时处理环保纠纷	
6	规划计划管理	保证地面建设和矿区建设依法进行	（一）对公司现有房屋建筑物规划审批手续进行检查，针对存在的问题进行整改	查清公司及所属单位所有的房屋建筑物的规划审批手续情况，找出存在的问题及原因，提出整改方案并组织实施	
			（二）组织有关单位按国家法律规定办理公司矿区建设审批手续	有证开工；按证建设	
7	人事劳动管理	依法建立责权利相统一的劳动合同制度，避免劳动争议，维护公司和员工的合法权益	依法签订并履行劳动合同和员工安全生产合同，解决劳动合同争议	劳动合同和员工安全生产合同符合国家法律规定及有关政策；签订合同程序符合法律规定；合同得到全面履行	
8	财务税收管理	依法缴纳各种税费，保证公司依法进行会计核算	（一）对公司生产经营活动依法进行会计核算	符合会计法及上市公司有关规则要求；反映公司生产经营的真实情况	财务资产处
			（二）研究国家税收制度，按实际经营情况进行税务筹划，合理缴纳各种税费	充分掌握国家税收法律法规及政策，制定公司合理纳税方案；依法及时缴纳各种税费，不受行政处罚或者追缴	财务资产处
			（三）理顺经营性机构产权关系，规范经营性机构财务管理	公司与所设立的经营性机构的产权关系明晰，符合公司法及会计法的规定；公司设立的经营性机构的财务管理规范，符合相关法律、法规及政策的规定	财务资产处

续表

序号	专业系统	工作目标	工作内容	工作标准	
9	物资采购	建立物资采购管理制度，保证公司物资采购行为合法有效，维护公司合法权益	（一）按合同法及公司合同管理有关规定，及时签订并严格履行物资买卖合同	按规定程序及时签订物资买卖合同；所签合同合法有效，并充分维护公司合法权益；合同得到严格履行；及时处理合同争议，维护公司合法权益	物资装备公司
			（二）根据公司管理规定，对重大采购项目依法进行招标	按规定应招标的项目全部招标采购；标书制作和招标程序符合相关法律法规和公司规定；降低成本，节约资金	物资装备公司
10	对外贸易及经济合作	保证公司对外贸易及经济合作依法进行，维护公司在对外贸易和经济合作中的合法权益	（一）完善涉外合同管理体系，建立涉外合同管理工作流程	符合股份公司及公司合同管理规定；所签涉外合同符合国际条约、国际惯例、中国及相关国家的法律、法规；按约定履行合同义务；及时处理合同争议，维护公司合法权益	
			（二）按国家法律、法规及股份公司要求，对符合条件的国际采办项目进行招标	按规定应招标的项目全部实行招标；标书制作和招标投标程序符合相关法律法规、国际惯例及公司规定；降低成本，节约资金	
11	审计监督	维护公司经济秩序和合法权益，促进廉政建设，保障资金安全运行和及生产经营工作健康发展	对公司一切有关的财务收支和经营活动的真实性、合法性和效益性进行审计监督	监督检查凭证、账表、决算、资金、资产等是否具有真实性、合法性；通过监督保证企业经济责任目标的实现；通过审计监督改善企业经营管理，提高企业经济效益	
12	油田保卫	保证公司生产设施及其他财产不受非法侵犯	依法保护公司财产及人身安全不受侵犯，维护公司正常生产秩序和员工的生命健康	所采取的措施符合相关法律、法规的规定；程序符合法律规定；没有采取非法手段，明显侵犯他人合法权益的现象	

续表

序号	专业系统	工作目标	工作内容	工作标准	
13	公司规范管理	保证公司依法管理和规范运作，防范法律风险，维护公司合法权益	（一）整章建制，完善公司规章制度，规范规章制度制定程序	管理制度符合国家法律、法规；明确公司规章制度制定权限及论证、起草、审议、法律审查、颁布、监督检查、废止等程序。规章制度制定程序规范，操作性强	总经理办公室
			（二）按公司法和股份公司有关规定，规范公司管理体制和机构设置	机构设置、企业名称符合公司法及工商管理法规规定；机构设置、企业名称符合公司实际，便于管理	人事处
			（三）办理企业工商登记，处理工商管理纠纷	公司管理规定，依法及时办理企业开业、年检、变更、注销登记手续；及时处理工商管理纠纷，维护公司合法权益	法务处
			（四）加强合同管理，规范公司经营行为	依法签订、履行、变更、终止合同；合同管理制度完善，审查审批程序规范、切实可行；依法及时处理合同纠纷，公司合法权益得到维护	法务处

四、法务人员个人计划和目标管理

(一)个人计划

在个人计划目标方面,刘桂明在《北京青年社会律师阳光成长计划》一文中,对个人计划成长提出了好的建议。

因为从"计划"的开始到"计划"的执行,从"计划"的嘉宾到"计划"的顾问,从为"计划"主持点评到为"计划"邀请嘉宾,所以我见证了"计划"的酝酿成型到今日"计划"的誉满法律界。

参加"计划"就是一次练兵机会。既然是练兵,就要让我们暴露问题、看到缺憾、发现不足。今天的问题正是为了明天而改进的主题,今天的缺憾正是走向明天成功的一个组成部分,今天的不足正是明天从满足到知足的最高境界。如果每一位法律人都有这样的机会,将使法律人的成功之路更加规范、更加顺利、更加快捷。

在笔者看来,每一位法律人从今日的青涩到明天的合伙人乃至成功,一般要经历以下四个阶段:

第一个阶段就是"当"法律人的初设阶段,这是法律人的起步阶段。从硬件条件来讲,凡是法学本科以上的毕业生都已经具备"当"法律人的资格。但这还不够,还要通过司法考试。同样,仅仅通过司法考试也还是不够的,这只是万里长征刚刚走完了第一步。随之而来的是实习阶段,也就是成为正式法律人之前的必经阶段。许多法律人没想到,第一关"当"法律人的阶段就这么艰难。

可以说是在千军万马当中，过五关斩六将，才能拿到一个资格。

第二个阶段就是"做"律师和法务的阶段，这是一个从律师发展到合伙人的阶段。对青年人来说，在这个阶段，知识基础、人脉基础都是一个严峻的考验。

第三个阶段就是"像"法律人的阶段，也是自己从外形到气质、从外表到形象等方面都已经具备成为一个成熟律师和法务的阶段。

第四个阶段就是提升律师和法务水平的阶段。要求的是一种水平和能力，或者是从水平到能力的衔接，也就是从水平到社会基础能力的最终转换成功。

（二）目标管理——"三个一"工程

安徽王良其律师事务所王良其在《寻找机会、创造机会、把握机会，讲好课、出好书、办好案，做个名副其实的好社会律师》一文中说，好社会律师应当能讲一节好课，能出一本好书，能办一个好案，即社会律师的"三个一"工程。"三个一"工程也适用于法务人员。

首先，好法务能讲一节好课。

法务虽然不是老师，但是经常普法，宣讲法律，应当能讲一节好课。讲课是法务的基本功，没有渊博的知识、雄辩的口才、辩证的思维和过硬的心理素质很难讲好一节课。

俗话说："台上一分钟，台下十年功。"能讲一节好课，非一日之功。法务需要放低姿态、认真备课、不断总结、精益求精，把讲课作为最好的营销、学习、分享和成长机会。

其次，好法务能出一本好书。

书，可总结法务思想和交流法务经验。众所周知，出书不难，难的是出一本好书，尤其是出一本文学性、思想性、实操性和权威性兼具的好书，则难上加难。法务不仅仅需要嘴皮子厉害，在客户面前，潇洒自如、谈吐得体、游刃有余；在庭审时据理以争、唇枪舌剑、不温不火；在法官面前娓娓道来、侃侃而谈、不卑不亢。同时，法务还必须有一支好笔杆子，能写出好文章。当然，"文章千古事，得失寸心知"。写书的时候，自己能做得了主；但是书出来之后，优劣好坏，只能由读者来评判，自己就爱莫能助了。

一段好的文字，犹如初升的朝阳，光芒万丈，荡气回肠；一篇好的文章，犹如午后的红茶，沁人心脾，回味悠长；一本好书，犹如一个人生导师，带领我们不断走向成长、成功和成熟；一本好书就是一部人生哲理，一本好书就是一部人生阅历，一本好书就是一个良师益友，一本好书就是一个人生知己，可以好好地品、好好地读、好好地悟。

最后，好律师（包括公司律师）能办一个好案。

律师作为职业法律人，以法律为天职，要求律师必须有好案子、办好案子、成好案子。可以说，好案子可以使律师一夜成名、妇孺皆知；坏案子，可以使律师锒铛入狱、身败名裂。所以，案子是律师的头等大事，办好案子，则是律师的不二选择。

有好案子、办好案子、成好案子，这需要律师有大智、大勇和大爱，如果没有超强的能力、缜密的思维和迷人的个性，好案子只能与律师擦肩而过。律师需要好案子，唯有好案子才能使律师声名鹊起、身价倍增。

（三）高效法务人员的七个习惯

高效法务人员的七个习惯：（1）主动积极，快速反应，比如电话、短信、微信及邮件要快速回复。（2）以终为始，重视最终的工作成果。（3）要事第一，多任务作业是法务的特点，常年的合同审核和咨询，非诉的电话会议，诉讼开庭，潜在客户会谈，还有各类培训学习，时间被各种各样凌乱的事情排满。（4）双赢思维更重要，商务之间的合作，其实也需要双赢思维，不具备双赢思维的合作，都不具有可持续性。（5）知彼知己，法务很重要的一个工作是沟通，要多方面被理解，才可能被接受。（6）统合综效，通过集思广益，提出创造性的解决方案。（7）流程管理、头脑风暴、专题笔记，有助于提出创造性解决方案和思路。

第五章 法务信息管理

一、信息的基本概念

信息是指客观存在的一切事物通过物质载体发出的信号、消息、情报、数据、图形、指令中所包含的一切有价值的内容。

信息的特征：真实性、价值性、多变性和共享性。

管理信息的功能：认识功能，决策功能，控制功能。

管理信息反映的是管理活动过程和企业或组织的基本情况和特点，通过信息的传递和运用，管理者可以了解和掌握管理工作的基本情况和变化特点。

信息管理的构成要素：语言、传递、物质载体、反馈。特定的管理需要信息的收集、传递、处理和运用，其目的是为了满足管理工作的某种需要。

信息管理的基本流程：一是信息准备工作。其核心工作就是了解实际情况，包括现有流程的状态和问题，以及该流程所要达到的目的。对所有的相关信息做好列表，做好分类；明确信息流程管理涉及的相关人员及其职责和任务；确定信息管理所需要的工具，如软件方面需要建立何种电子文档，所需要的存储设备。二是明确流程内容。信息管理流程最重要的工作就是明确流程的具体内容，对此必须把握流程的核心环节，抓住这些重要因素才能搭建整个流程框架,包括流程的可行性、可操作性、准确性、目的性。三是做好流程检测。要定期对流程进行检测,及时发现流程中存在的问题。

信息收集的基本要求:突出信息的目的性,保证信息的真实性,注重信息的时效性,保持信息的系统性,注意信息的全面性。

加强信息管理工作的要求:建立健全信息系统,建立信息管理机构,建立健全信息工作管理制度。

二、信息在法务管理中的应用

(一)海量信息的出现

法务的职责是提供法律服务,而提供法律服务就离不开专业知识。可以说,法务从事的是一个知识密集型职业,近年随着社会的快速发展,法律法规不断被修改更新,为了让企业更好地掌握国际规则,需要关注的各种知识越来越多。面对海量知识,如果缺乏有效的知识信息管理方法,难免有"跟不上"之感。

(二)大数据管理的需要

大数据分析可以为管理提供最有用的信息和明确的问题解决方案,从根本上解决了困扰人们的管理决策问题。

法务调查和研究等要花费大量的人力、物力、财力,如今,通过大数据工具,可以在互联网上的海量资料随意查询,也节省了精力和时间。

(三)互联网的作用

社会越发达,专业分工越精细,互联网的出现必然加快这一趋势。互联网为法律服务者提供了有利的平台,加快形成准确的市场定位。

互联网发挥着日益重要的舆论监督作用。在互联网环境下，法律业务资源进一步向"知名法务"与中心城市转移，低端法务将被市场所淘汰，"赤脚医生式的法务"生存空间进一步受到挤压，促使法务行业的整体提升和发展。

（四）法务行业进行知识信息管理的现状

作为知识密集型的行业以及重度知识工作者，法务行业本应是最先进行知识信息管理与传承。但是，正如《经济学人》杂志里面所提到的："手术现在可以由机器人完成，或者远程操刀，建筑是利用数字化工具来设计建筑。有一个行业还一切照旧，就像技术从未被发明那样，这个行业就是法律。"时至今日，在国内法务行业中开始进行知识信息管理的仍是少数。大批对知识信息管理具有迫切需求的法务，却没有进行系统化的知识信息管理，及时启动知识信息管理的项目在整体推进上也比较缓慢。

三、法务知识和信息管理

法务知识和信息管理指法务将个人拥有及获取的各种资料信息变成有价值的知识，并分类保存起来；对知识进行准确的分类，为需要归档和保存的知识建立规范，便于将来检索；建立自己的知识数据库，能够在工作时准确快速地找到并使用相关信息，消化信息并转化为有用的知识；建立法律文件样本库并积累项目法律文件，总结和分类别存储相关文件，以实现资源共享。圈子其实很小，彼此间分享资源，进行互动十分重要。

四、法务绩效量化考核指标体系

法务部是企业的一个职能部门,其绩效的决定因素有以下三点:公司对法务部的期望(组织因素)、法务部自身设置的目标(任务因素)、法务人员全体自身的努力(主观因素)。

(一) KPI 方法量化指标

运用 KPI 方法进行量化指标的设计和分解。

首先,不同岗位应有不同的 KPI 指标组合,不同部门的 KPI 指标应有不同的特点和着重点。法务部门的 KPI 是以风险控制和合规管理为核心。其次,法务内部不同级别的法务人员指标也不同,总法律顾问应对组织的战略目标负责,一般的法务人员工作重心是完成其承担的各种具体指标。

法务管理改革需要重新建立法务的评价体系。

(二) 法务部可设置的基本目标

法务部可设置的基本目标包括以下四点:对公司法律需求的专业支持、对公司风险的有效控制、对公司诉讼或仲裁的良好处理、为达成以上三点目标所需制定的公司内部规章制度。

如果仅是基本目标,而非全部,可相应地可设置下一级指标,也即考核项目。考核项目包括:

(1) 对法律需求的反馈时间、提供高质量的内部法律服务、提供符合业务需求的内部法律服务等。

(2) 定期的风险识别工作、规范的风险评估工作、有效的风险应对工作等。

(3) 有效的应诉操作、标准的维权流程等。

（4）制度拟订、流程优化等。

每一考核项目，均有对应的具体考核 KPI 指标（二级指标），并对该指标进行赋值，即可得出法务部的量化指标体系。

（三）具体内容

法务绩效量化考核的具体内容包括几个方面：

（1）考核目标。

（2）考核项目。

（3）考核 KPI 指标。

（4）考核指标内容。

（5）考核赋值。

（6）一流的内部法律支持。

（7）对法律需求快速反馈。

（8）合同修改、起草期限。

自接到电子版合同或起草合同的需求时，要确定完成修改、起草期限。初审为 1~3 个工作日，重大合同由法务负责人批准后可延长 1~2 个工作日；复核为 1 个工作日。未按期完成，每发生一次，扣 2 分；如虚报自评结果的，扣 10 分。

（9）合同审核质量。

合同审核规范、合法，提示风险充分。

合同审核出现漏洞，造成公司经济损失的，可以采取补救措施的，每次扣 5 分；合同审核出现问题，造成公司经济损失且无法补救的，根据情况予以解雇；合同审核合法合理，对促成交易有重大帮助的，经公司领导书面认可的，每次加 5 分。

（10）法律意见书质量。

法律意见书规范、合法，提示风险充分。

法律意见书有明显错误的,每次扣5分;有一般文字错误的,每次扣1分;因出具的法律意见造成公司经济损失的,依损失情况,予以扣分、警告、记过直至解雇;法律意见合法合理,对促成交易有重大帮助的,经公司领导书面认可的,每次加5分。

(11)制度拟定与流程优化。

一是制度拟定。

法务管理制度的起草与修改。起草法务制度,包括《诉讼预防管理办法》《内部法律顾问专业与等级管理规定》《投资法律尽职调查指引》《知识产权管理办法》《全面风险管理办法》《诉讼/仲裁案件代理流程管理规定》《法务人员培训管理办法》《外部律师管理办法》《案件管理制度》《合同管理规定》。

按时完成制度初稿起草,报法务负责人修改审批,加1分;未按时完成起草工作且又未说明原因的,扣1分;多次参与制度的起草、修改的,加1分;对制度修改提出建设性意见的,且被采纳的,加1分。

二是流程优化。

法务流程的优化。

基于提高效率,改进绩效的目的,法务人员对于法务工作的流程提出优化意见和建议,提出法务流程方面的书面优化意见和建议,经法务部负责人核实的,每次加1分。

第六章 法务组织及文化

一、组织的基本概念

(一)组织的含义

"组织"一词,希腊文原义是指和谐、协调的意思。通常情况下,"组织"一词有两层含义:一是名词含义,一是动词含义。从名词角度来看,组织是一切管理活动的载体,是由人组成的、具有明确目的和系统性结构的实体。从动词角度来看,组织是一个工作过程,即组织工作。

(二)特定功能

组织必须有特定目标,目标是组织存在的根据或原因。组织必须有分工与协作,必须有不同层次的权利与责任制度。权责关系的统一,使组织内部形成反映组织自身内部有机联系的不同管理层次。

(三)组织构成要素

人是构成组织的最根本要素。

(四)组织的功能

组织的功能:集合功能;约束功能,包括设计组织机构、制定相互关系和行为规范及职工的招募评价和训练;协调功能。

组织分正式组织与非正式组织。

(五)组织结构及其设计

组织结构是组织中正式确定的使工作任务得以分解、组合和协调的框架体系,是表现组织各部分排列顺序、空间位置、聚集状态、联系方式及各部门之间相互关系的一种模式。任何组织都是由许多要素、部分、成员,按照一定的联结形式排列组合而成的。

组织结构设计工作是一个组织结构的创设过程。它的原则分别是分工协作及精干高效原则;统一指挥和权力制衡原则;集权与分权相结合的原则。责任、权力、利益三者之间是不可分割的,必须是协调的、平衡的和统一的。权力是责任的基础,有了权力才可能负起责任,责任是权力的约束。

(六)企业组织结构模式

从传统管理到现代管理,企业组织结构有多种模式。传统企业组织结构模式主要有直线制、职能制和直线职能制三种类型,现代企业组织结构模式主要有事业部制和矩阵制等。

(七)管理权限与责任

管理权限是指由于占据组织中的职位而拥有的权力,与管理权限相对应的是责任。管理权限是履行责任的必要条件与手段;责任则是行使权力所要达到的目的和必须履行的义务。管理者的管理权限有3种类型:一是直线管理权限,即直线人员所拥有的决策指挥权;二是参谋管理权限,即参谋人员所拥有的咨询权和专业指导权;三是职能管理权限,即由参谋人员所执行的、由直线主管人员授予的决策权与指挥权。

(八)管理体制及其类型

管理体制是指一个国家、社会组织或群体组织系统内有关上下左右各种机构的地位、权限、领导关系划分，组织管理程序及为保证其运转而采取的各种法律制度的总和。按照组织内部管理权限、责任的分配形式及其归属关系，常见的管理体制类型3种：首长制和委员会制，层次制与职能制，完整制和分离制。

（九）管理职能及其分工

管理职能是人们对管理工作应有的一般过程和基本内容所作的理论概括。管理者可以运用职能观点去建立或改革组织机构，根据管理职能规定出组织内部的职责和权力及它们的内部结构，从而也就可以确定管理人员的人数、素质、学历、知识结构等。按照法约尔的一般管理理论，管理职能分为计划、组织、指挥、协调和控制。

管理部门的划分：社会组织或企业中管理人员为完成规定的任务对管理部门进行划分，按职能划分部门是许多组织广泛采用的一种方法。

（十）管理人员应具备的素质和能力

管理人员个人的素质和能力是选聘管理人员中非常重要的一个方面。对于一个管理人员来说，个人素质是很重要的，因为个人素质与管理能力密切相关，它虽然不是管理能力的决定因素，但管理能力的大小是以素质为基础的。

（十一）管理人员的培训与考评

管理人员的培训包括岗位培训、专题培训、转岗培训、个人自选培训。

管理人员考评的基本要求，首先考评指标要客观。考评管理人员需要按照管理内容设计一系列指标，才能具体地衡量其在各方面的工作绩效。指标的含义要准确、具体,不能含糊不清,更不能用一些抽象的概念来作为衡量的标准。考评指标可以分为定性指标和定量指标,要尽可能地将定性指标给予科学的量化,以避免出现完全使用定性指标产生的主观随意性。其次,考评方法要可行。再次,考评时间要适当,还要反馈。管理人员考评的内容分为个人素质的考评和管理效果的考评及工作效率的考评。

二、法务管理组织架构

由于企业法律管理组织架构在各企业的表现形式各不相同,法务组织结构也呈现多种方式。

模式一:外聘主导型,主要聘请外部法律从业人员进行法务管理,外聘的对象主要是社会律师。这种模式适用于企业规模小、对人力资本要求不高、行业法律风险不大的企业,主要是提供咨询和诉讼服务。

模式二:内设主导型,企业内部设立法务管理机构,配置专职法务人员。这种模式适用于大企业,主要的任务是合规管理和法律风险防控。

模式三:公司律师型,成立"公司律师事务部",部门成员均需通过司法考试(律师资格考试)并统一由所在公司申领"公司律师证",接受律协和司法局统一管理。这种模式结合了上述模式一和模式二的特点,是未来发展的趋势。这种模式的特点是人员很专业、岗位很固定、法律服务的覆盖面很广泛。

三、法务管理管控模式及分析

(一) 法务组织和管控模式现状

法务管理组织架构是企业最基本的组织性结构安排,目前企业常用的管控模式主要有"事前预控型""事中监控型"和"事后救济型"。

这里先讲一个扁鹊说医的故事。传说,有人问扁鹊,你家三兄弟中,谁的医术最高?扁鹊回答,大哥医术最高,但没有名声。不但没有名声,别人还很讨厌他。因为,良医治未病。人们的病还没有表现出来他就已经诊断出来,并且为人医治好了,而被医治的人根本就认为自己没有病。一个医生总是对一个看上去很健康的人说你有病,还能不被人讨厌吗?二兄医术次之,他治疗的是已经表现出来的病症,这叫次医治已病。虽然已经发病,但是病症初发,还不太严重,他就及时地为病人医治了。病家就认为他的医术比大哥高,他的名声也就比大哥显著,而且受人欢迎。但人们还是认为他的医术不够高明,因为人们认为他治的都是小病。我的医术最低,是下医治重病。病人的病症还没有显露出来时,我诊断不出来,初病时我又认为不重要。只有等到病入膏肓,人们在生命垂危时求助于我。我为人们治好了病,人们就认为我可以起死回生,不认为我的医术低,反而认为我的医术最高,所以我的名声最大。

在中医治病中,望闻问切是基本功。在《韩非子·喻老》中,扁鹊的洞察力十分惊人。他寓居蔡国,在宫中行走,发现蔡桓侯的病情一天天加重,便一而再、再而三地提醒对方要赶紧治疗,否则后果不堪设想。然而蔡桓侯讳疾忌医，竟怀疑扁鹊耸人听闻，是想捞取厚利。过了一段日子，蔡桓侯病入膏肓，扁鹊自知回天乏术，赶紧逃出蔡国，他可不干那种把死马当活马医的蠢事。这就证明，扁鹊所言不虚，他并没有起死回生的能力。

扁鹊的大哥，病人的症状还没有显示出来时，防范调理，治病于无形，就是事前防范；扁鹊的二哥，病症初发，大病小治，代价小、效果好，这叫事中控制；扁鹊则是亡羊补牢、大病大治，这就是事后补救。

法务的职业和医生一样，也有三个模式。

第一个模式是事前预控型，法务人员做好各项法律风险预控工作。从目前法务管理实践来看，事前预控主要是通过合同管理、合规管理、风险防范控制三方面的工作来实现。

第二个模式是事中监控型，法务人员能在日常管理过程中能及时跟踪、监控各项法律风险的状况并适时纠偏。通常这种模式是对第一种模式的一种延伸，是对风险预控效果进行追踪。体现在合同管理领域则是对履约跟踪的重视；体现在纠纷管理领域则是对双方协商结果履行过程的控制；体现在项目管理领域则是对项目实施过程中具体法律风险的披露、解决以及项目运作法律架构和法律文件体系的设计。

第三个模式是事后救济型，在问题发生后进行的补救管控。在法务管理实践中主动或被动地进行诉讼、仲裁，通过司法途径解决问题，通常是最后的救济措施。

以上三种模式并非孤立，在实践中往往是几种并用，只是侧重点不同。前两种模式是属于"主动干预"的管理模式，往往能以很小的代价换取较大的收益（通常是避免更大的损失），起到

"四两拨千斤"的效果。最后一种是属于"被动应付"的管理模式，如不结合前两种管控模式，其往往使公司陷入"四面楚歌"的境地，各类问题处理应接不暇，管理人员疲于奔命，其效果自然是"事倍功半"。

（二）法务未来发展趋势对法务管理模式的影响

企业本身作为一个社会经济组织，相对于个体而言是一个大系统，而企业管理是一个系统性工程，需要考虑各种因素。法务管理是企业管理的一个子系统，其内部也包括了诸多要素，未来发展趋势对法务管理产生深刻影响。

未来法务将会发生很大变化，主要有以下几点：企业内的法律顾问向公司律师接轨；法务价值的提升；总法律顾问将进入公司核心管理层；未来需要高端公司律师人才；法务向专业化、规模化和品牌化的发展；建立党领导下的国企特色法人治理结构；合规是企业永恒的主题；风险防控是法务最大的目标；新生业务、行业垄断和市场竞争是三个最难处理的法律课题；"创造价值"彰显法务的终极追求；E法务时代的春天来临；电商平台导致互联网化的法律服务方式转变；电子化招标全面应用；合同走向信息化管理；大数据催生智能交易。

四、如何进行系统性重构

法务系统性重构是按照系统化管理理论的要求，为了适应这些变化，从参谋机构变为职能部门，从配角变成不可或缺的角色，从业务上整合和拓展法务职能，在实践中导入风险管理和合规管理相关理念和工作方法。

按照新的文件精神,公司律师目前有五大职能:参与企业章程、董事会运行规则的制定;对企业重要经营决策、规章制度、合同进行法律审核;为企业改制重组、并购上市、产权转让、破产重整、和解及清算等重大事项提出法律意见;组织开展合规管理、风险管理、知识产权管理、外聘社会律师管理、法治宣传教育培训、法律咨询;组织处理诉讼、仲裁案件。

笔者将公司律师职能概括为规章制度管理、合同管理、合规管理、风险管理、知识产权管理、纠纷诉讼管理和政策法规研究八个方面。将这八大职能整合,以合规为基础融入风险管理中去,建立统一的法律合规风险管理体系。

(一)实现依法治企的目标

现在是法治时代,一切商业行为均要遵行法律规定、行业准则和商业道德,因此依法、合规治企成为必由之路。法务部门作为法律合规管理的职能部门通过上述系统性重构,应逐步摆脱"消防队"的角色,更快地融入管理团队,最终成为"地上排雷尖兵,海上'宙斯盾'舰,天上预警机"的作战小分队或法务团队,并突显法务部门的"增值功能"。

(二)集中管理和分散管理相结合

法务人员分散管理,有利于贴近业务、深入业务,但从国外大企业的普遍规律来看,法务人员更适合统一管理,因为法务部门承担着风险管理的职能,而风险管理是一个整体的链条,"铁路警察各管一段"比较容易出现漏洞,而且业务越大,这种风险也就越大。如果企业很大,或者业务很多元化,可以对法务人员试行集中管理前提下的分散办公模式。

（三）法务团队的建设和管理

大多数总法务官都是非常高效卓越的公司律师或从事实际工作的优秀管理人员转化而来的，他们擅长创造商业机会和企业管理，善于从管理、经济、法律的角度，认识、观察、解决问题。他们不仅要负责维持高效运作，解决组织结构上的问题，还要负责激励员工，评估员工的表现。

《孙子·谋攻》曰："上下同欲者胜，同舟共济者赢。"这句话道出了团队建设的真谛。法务团队的建设和管理，专业化的养成和分工，离不开同心同德的愿景和令行禁止的要求。没有好的团队管理方法和制度，就不要谈专业化的服务水平和竞争力。团队化、协作化、业务流程化、质量可控制化的模式，可使团队管理做到"令行禁止、使命必达"。

五、组织文化

组织文化在组织管理中具有非常重要的作用。它是被组织成员广泛认同、普遍接受的价值观念、思维方式、行为准则等群体意识的总称。组织通过培养、塑造这种文化，来影响成员的工作态度和引导工作中的行为方式，从而实现组织目标。正如国学大师钱穆先生所说："一切问题，由文化问题产生。一切问题，由文化问题解决。"文化决定一切。

（一）文化三个层次构成

文化有三个层次：物质文化层，包括组织开展活动所需的基本物质基础。如企业生产经营的物质技术条件，诸如厂容、厂貌、机器设备，产品的外观、质量、服务及厂徽、厂服等；制度文化层，包括组织领导体制、各种规章制度、道德规范和员工行为准则的总和；精神文化层，为全体员工所认同的共有意识和观念。包括组织的价值观念、组织精神和组织道德等。

（二）组织文化的特点

组织文化的特点：超个体的独特性，相对稳定性，融合继承性，持续发展性。

（三）组织文化的内容

组织的价值观，是组织管理层和全体员工对组织的生产、经营、服务等活动的看法或基本观点。

组织精神，是指组织长期培养逐步形成的价值取向和主导意识，是组织文化的核心，它反映了组织成员对组织的特征、形象、地位等的理解和认同。

（四）组织文化的功能

组织文化的功能：导向功能；凝聚功能，即组织文化有着把组织成员紧密团结起来，形成一个统一体的凝聚力量；激励功能，即组织文化能使企业成员从内心产生一种情绪高昂、奋发进取的效应；约束功能；辐射功能；创新功能。

六、营造依法治企的合规文化

法治文化，是建设社会主义法治国家的重要支柱。党的十八届四中全会《中共中央关于全面推进依法治国若干重大问题的决定》指出："必须弘扬社会主义法治精神，建设社会主义法治文化，增强全社会厉行法治的积极性和主动性，形成守法光荣、违法可耻的社会氛围。"贯彻落实这一重大部署，必须高度重视和大力培育社会主义法治文化,充分发挥法治文化对依法治国的促进作用。

不同的文化模式对人的法治观念的影响是不同的。

西方文化模式是以理性和科学知识为基础的,中国文化模式是一种以经验文化和人伦文化为基础的模式。任何一种文化模式对法治的影响都是多元的,企业要营造依法治企的合规文化。

要实现依法治企必离不开合规文化的支撑,合规文化的建设必须根植于理性的法律文化土壤之上。依法合规的运行不仅是企业治理的重要目标,也是企业文化建设的主要目的。

弘扬合规文化,需要依法治企,营造良好氛围。一是树立法律信仰,合规精神,在企业,树立法律的权威,制度的约束力,标准的程序;二是引导员工树立崇尚合规的信念,培育和发展企业法律合规文化,促进员工遵法、护法、守法、用法,按制度办事、以规章行事、靠标准操作。

法治合规文化要靠制度来保障:首先,作为调整员工行为的生产经营规范,要完善齐备,合规合法;其次,合规文化的建设要通过制度的强制性来加以保障,要强化教育培训,营造学法、懂法、用法、守法、合规的浓厚氛围,加强企业干部、员工的法律知识学习,使法律和合规真正入脑、入心,遇事找法找制度,解决问题用法用制度,了解任何职权和决策都必须做到法律至上,合规为基础;要健全工作机制,坚持依法决策、依法经营,把解决各种生产经营关系纳入合规框架之内,无论任何情况,合规的底线不能突破。最后,要坚持问题导向,以法制能力的提升和增强带动干部综合素质提升,在合规轨道上运行,保证企业健康、有序、可持续性的发展。

第七章 法务工作的领导和沟通协调

一、基本概念

（一）领导的含义

"领导"有两种词性含义。一种是名词属性的"领导"，即"领导者"的简称；另一种是动词属性的"领导"，即"领导"是"领导者所从事的活动"。杜鲁门曾经说过："领导就是叫人做一件原本不想做的事情，但事后却会喜欢他。"一语道破领导的含义，领导不是"职位"而是影响群体行为的过程。

领导实质上是一种对他人的影响力，即管理者对下属及组织行为的影响力。这种影响力能改变或推动下属及组织的心理与行为，为实现组织目标服务。

（二）领导的构成要素

领导的构成要素是：权力和权威、对下属人格的基本理解、杰出的鼓舞能力和营造组织气氛的能力。一般而言，法定权力包括5个方面：决策权、组织权、指挥权、人事权、奖惩权。构成领导者影响力的因素主要有5个方面：品德、学识、资历、情感、情商。

（三）领导的功能和角色

1. 领导者的功能

在组织中，致力于实现领导过程的人就是领导者。领导者在一个组织或群体中充当重要角色，在带领和指导群体实现共同目标的过程中，领导起着关键作用。领导的功能表现在协调、指挥、用人、决策、团结、激励等方面。

2. 领导者的角色

亨利·明茨伯格将领导者所担任的角色分为互相联系、不可分割的三类十种。

第一类是人际角色，包括头面人物、领导者、联络者三种。

（1）头面人物。管理者在组织中经常以领导者的身份出现，代表组织参加必要的社会活动，为组织树立特定的社会形象。

（2）领导者。管理者扮演领导角色，以多种影响力去吸引、说服、激励下级沿着领导者指引的方向，去完成所规定的任务。

（3）联络人。领导联络人的角色，在组织内部，他们要为下级之间的横向沟通与协调提供便利和支持，在组织外部，要代表公司与客户、股东、供应商等进行谈判，讨价还价，在为公司争取利益的同时保持与这些利益相关者的良好关系。

第二类是信息传递角色，包括监控者、传播者、发言人三种。

（1）监控者。领导浏览行业报告，参加行业研讨会获取信息等；或向下级强调某一内部事件必须内外有别、不得外传等。明茨伯格将此角色称为"守门员"，即把关人。

（2）传播者。领导在向组织内外传送信息时，扮演的就是信息传播者的角色。

（3）发言人。领导代表组织对外发言，表明组织在某些问题上的立场与态度,如在新闻发布会上宣布本公司的某项战略举措或在政府的听证会上表明公司对某项政策的态度等。

第三类是决策性角色,包括创业者、麻烦处理者、资源分配者、谈判者四种。

(1)创业者。企业家首先是一位创业者,发现市场、发现产品,组织开辟某项新事业,开创新的方向与道路。

(2)麻烦处理者。领导要对企业中出现的事故和麻烦及风险之类的问题进行应急处理,还需要居中调解、仲裁,以平息这些冲突,保持组织的稳定。这一角色常被誉为解困能手,明茨伯格则给此类角色加上"救灾消防员"的绰号。

(3)资源分配者。组织中的资源是广义的,不仅指财务性资源,还包括设备、厂房等其他物质性资源以及人员、时间等非物质性资源,领导承担着资源分配者的角色,使资源得到合理的配置和使用。

(4)谈判者。领导者代表组织与其他组织谈判,签订协议,维护组织的利益。

(四)协调的含义

协调就是运用各种能力使自己的组织获得最大的利益,其核心内容是使围绕一个共同目标的有关部门和人员,和谐协调地进行工作,在各自的岗位上,朝着一个目标奋进、拼搏。

(五)协调的功能

协调是管理的本质。协调的功能主要表现在以下几个方面:一是能使组织目标得到有效落实,使员工的工作和企业的生产不偏离正确的方向。二是能使各单位、各部门、各机构、各人员纵向之间和横向之间在工作上分工合作、密切配合、避免矛盾、扫除障碍、统一步调,为实现既定目标而共同努力,真正起到凝聚作用。三是能使每个成员各行其权、各尽其责、忠于职守。四是提高组织的凝聚力、团结力、和谐力、协调力。

协调的内容很广泛,主要包括:计划协调、人事协调、财务协调、经济协调、政策协调、关系协调、工作部署协调和社会协调。其中关键性的协调工作有三项:政策协调、关系协调和工作部署协调。

(六)沟通的含义

沟通是信息凭借一定的载体,在个人或群体间从发送者到接受者进行传递,并获得理解的行为。

沟通的意义:沟通是人际关系协调的手段;沟通是人与人之间、组织与组织之间的信息交流,是实现目标、满足需要、实现抱负的重要工具之一;沟通是实现管理目标的手段。

沟通与协调的关系是,沟通是手段,协调是目的;沟通使群体行为协调一致,运用集体力量实现个体无法实现的目标。

(七)沟通的方法方式

沟通包括开放式的和封闭式两种。针对不同需求的沟通需要采取不同的沟通模式,比如就某个具体问题的解决进行讨论。

1. 头脑风暴法

工作人员环桌而坐,主持人阐明问题,并保证每个人都能清楚地了解问题。然后每个人各抒己见,充分发挥想象力,互相启发,发表自己想到的各种可能的选择方案,不允许任何批评,并且所有方案都当场记录下来,留待稍后再讨论和分析。这种方法,克服群体压力对不同见解的抑制作用,鼓励创造性思维,这是一个产生思想的过程。

2. 名义群体法

决策制定过程中限制讨论，保证独立思考，故称为名义群体法。

二、团队协调的基本要素

有人说："今天我们落得不好的局面，都是因为过去我们在各自的岗位上，不是相互配合，而是相互妒忌和猜疑啊！"

很多时候，人与人之间的关系都是相互的，如果互相扯皮、争斗，只会两败俱伤，唯有互相配合、团队协作，方能共同发展。

团队协调的基本要素：

（1）沟通。现在的组织规模越来越大，团队人员越来越多，分工越来越细，相互沟通是维系同事、老板之间的一个关键要素。

（2）信任。平级之间，上下级之间，老板和同事之间要相互信任，才能形成凝聚力和战斗力。

（3）慎重。遇到问题时，遇到棘手的事情，要冷静对待，尤其是遇到问题和矛盾时，要保持理智，不可冲动，慎重处理。

（4）换位。己所不欲，勿施于人。凡事不要把自己的想法强加给同事，遇到问题的时候多进行一下换位思考，站在对方的角度上想想，这样，你会更好地理解同事、员工。

（5）快乐。只有用快乐的心情才能构建起幸福的团队。

三、法务团队有效的沟通协调方式

了解工作事项背景。无论展开何种样式的讨论，讨论者之间都应当充分了解项目背景，包括项目最终为了解决何种问题、项目的预算、可调动的资源、过往经验、截止时间等。所以，但凡大小会议，必然设置一个项目背景简介的程序。

明确解决问题的目标，很多无效沟通都源自对项目目标的分歧、模糊甚至不了解。首先讨论者之间应当在项目背景的基础上讨论目标，这样才有意义。其次，做一个项目肯定会有多种目标，有个人的理想，有客户的需求等，讨论目标就是要整合目标，目标明确不仅仅是在自己心里，而是要具象地呈现给团队内部甚至外部，更好地感知目标。后来负责人之间把各自的想法通过流程图、逻辑图具象的表达后，再进行沟通。

把问题类型化，深度剖析，关注的内容不同，输出的成果不同。

提升执行力，形成了一种习惯，在分配任何任务之前，要求团队接受任务的成员对项目进行概括性理解，再与他们一同针对项目本身和客户需求进行讨论，运用积累的专业知识提出建设性意见，搭好项目的框架或梳理完解决问题的整体思路后，再由成员进行具体内容的分析。这样的操作，不但任务推进得更加高效，而且团队成员在前期探讨的过程中，对项目也形成了整体把握，每个人成长得都十分迅速。

法务管理人员需做一个知识广博的"杂家"，即懂业务、懂法律、懂专业。

法务管理人员，一方面要了解与公司主要业务相关的各主管部门、施工单位、供应商以及产供销流程等；另一方面要掌握基本的财务知识，看懂资产负债表、资产损益表、现金流量表三张表，在处理相关事务时方能做到与业务部门平等对话，沟通顺畅的效果。

1. 较强的沟通协调能力

法务管理者，既要对上负责，又要和平行部门协调沟通，同时要领导好下级工作人员，处理好各方面的关系，因此，如何有效地沟通，完成上情下达、平衡关系、沟通协调工作，需要掌握沟通的不同技巧。

2. 清晰的表达能力

清晰的表达能力是一个法务管理者的基本功，法务管理者在工作上更主要表现的是嘴头子和笔头子。

3. 持续的学习能力

现在是一个信息大爆炸的时代，充斥着海量信息，知识每天都在更新，每个人都是不进则退。作为法务管理者，要保持自己的竞争力，一定要有持续的学习能力，既学习新的法律法规，也要学习企业的生产经营知识，面对新事物，树立新思维，与时代俱进。

四、法务管理氛围及其调整

管理氛围，简单地说，是由管理者营造或主导的在一个组织或企业中，员工所接触的或感受到的工作气氛或情调。这种气氛或情调对于员工的工作情绪、处理事务的态度及群体关系调整都有着至关重要的影响。一个组织或企业要营造良好的管理氛围要从阳光心态塑造、团队意识培养和危机处理等三个方面做好工作。

（一）阳光心态的含义

阳光心态就是对待任何人或事物，总能从其光明的一面出发，以积极的心态去应对生活中出现的问题，实现人与人、人与工作、人与环境、人与自然及个人心理过程的和谐。

(二) 企业塑造员工阳光心态的方法

一是营造和谐的工作环境。在现代社会中,管理者要努力把企业创造成一个能够使员工快乐学习、工作和生活的团队,营造和谐的工作环境,使员工能够通过满足相应需求而感到愉快与满意。通过员工满意度的不断提高,调动其工作积极性和主动性。二是塑造健康的工作心态。健康不仅是指身体没有疾病,而且还包括心理健康和道德健康等方面的内容。其中首要的是心理健康,健康的心态主要表现在良好的情绪上。人的情绪可以分为兴趣、愉快、惊奇、悲伤、厌恶、愤怒、恐惧、轻蔑、羞愧等几种类型,其中后六种都是对工作和学习具有负面影响的情绪状态。由于人的负面情绪占绝对多数,因此人在日常生活中会不知不觉地进入不良情绪状态中。塑造阳光心态,就是要把员工的良好情绪调动出来,使大家精神饱满,斗志昂扬。三是协调好各种人际关系,建立良好的阳光心态,打消员工的低调情绪。

(三) 塑造法务人员阳光心态的措施

一是积极促进法务人员生活态度的转变,改变了态度就有了激情,有了激情就有了奋发向上的斗志,事情的结果就会发生变化。让全体法务人员都对工作持积极的态度,就等于开发了人力资源宝库,大大提升法务的效益。二是创造条件使法务人员能够充分享受工作的快乐。在管理过程中,通过改善工作条件、环境、待遇及激励机制,使法务人员每时每刻都感受到身边的变化,享受这种变化给自己带来了快乐。营造和谐的工作环境和气氛,这些措施都是塑造员工阳光心态的必要保证。三是科学地评价员工的工作绩效。法务管理者使自己和同事从工作绩效中获得满足，是实现法务管理目标的重要措施之一。衡量工作绩效的标准要运用人性化的处理方法，让员工感到对工作成效的分析评价是对事不对人，能够体现人人平等。

五、培养法务管理人员的团队意识

团队意识是指整体配合意识，包括团队的目标、团队的角色、团队的关系、团队的运作过程四个方面。

法务管理者要学会营造团队合作的气氛，培养法务人员的团队意识。首先，让大家各司其职，鼓励他们彼此协作来解决问题。其次，设立优秀团队奖励制度，对团队成绩给予充分肯定，会激起团队成员的满足感、成就感与归属感。最后，树立明确的团队目标，激发员工团队意识，增强团队战斗力，充分调动员工的主观能动性，发挥团队力量。

第八章 法务人员的行为规范

一、律师执业行为规范的提出

2010年底，全国律师工作会议前后，中办、国办联合转发了《司法部关于进一步加强和改进律师工作的意见》。该意见强调："律师是中国特色社会主义法务者的定位，要坚持党对律师工作的领导，确保律师工作的社会主义方向，把好律师队伍'入口关'，政治素质、业务素质、职业道德素质不好的，不能当律师。"

其中，政治素质是人的综合素质的核心，包括政治理想、政治信念、政治态度和政治立场。它是人们从事社会政治活动所必需的基本品质，是个人的政治方向、立场、观念、态度、信仰、技能等的综合表现。

依据上述对政治素质的解释，在现有的法律、法规和政策以及律师管理的制度中，有一定的要求。

司法部部长吴爱英指出："要进一步加强律师队伍教育管理，切实做好律师代理敏感案件和群体性事件的指导工作，教育引导广大律师讲政治、顾大局、守纪律，忠诚履行律师职责使命。"

《律师法》第二条可以认为是对律师应有政治素质最为恰当的界定，该条规定："律师应当维护当事人合法权益，维护法律正确实施，维护社会公平和正义。"

中共中央办公厅、国务院办公厅印发了《关于深化律师制度改革的意见》（以下简称《意见》），律师执业管理制度包括律师执业行为规范、执业惩戒制度、执业评价体系以及执业管理体制等内容。

这实际上提出了律师行为规范的课题和要求。首要的是提高政治素质，有大局意识。法务将来走上公司律师体制，与律师制度接轨，行为规范的要求是同样的。

为什么从中央的高度提出律师行为规范的要求呢？

世上三百六十行，都有各自的行为规范。但中共中央和国务院办公厅专门发文要求，对律师这个行业提出行为规范，是有一定的特殊性和针对性。

（一）律师业和法务人士的十种最典型心态

律师业和法务业有自己的特殊性和复杂性，有不少业界人士和学者做了分析，普遍被大家接受的有十种最典型的心态：

1."异议者"心态

律师这个职业自出现以后，是天然与"反对""异议""挑剔"相伴的职业，在法庭上与检察官对抗、与当事人对抗、与诉讼主体对抗、与第三方对抗挑毛病，反对异议是其基本手段。

2."与人博弈"心态

律师无论是在法庭上，还是在商业谈判中，都处于"博弈与和解"状态的职业，"对手"非"敌即友"，本能地将诉讼主体、检察官和当事人以及商业主体视为"博弈对手"。

3."骑士情结"心态

律师"为当事人争取最大的权益"，把自己视为保护当事人的骑士，是抗击强权的英雄，有时喜欢单打独斗、个人主义、英雄主义思想十分明显。

4. "狭隘"心态

律师并无权力、势力和金钱可倚仗，其安身立命之本乃是个人对法律知识的综合运用来完成任务，依靠个人能力和智慧安身立命，有时会出现谁也不信任，容不得他人优秀，听不得不同意见的情形。

5. "挑唆"心态

在市场经济当中为了争案源、拿客源，甘为当事人当"马仔"，甚至堕落为经济主体的"捎客"，其职业天然与是非相伴，总挑着当事人去打官司，或是挑着当事人把事整大、挑着当事人死不妥协，才是对当事人有利，甚至有的人以小人之心度人揣物，唯恐天下不乱。

6. "推脱"心态

法律服务业是需要替客户指出风险与问题，并帮助解决问题、化解风险，又必须防范自身安全风险的职业，有些从业者拿客户时不惜大吹大擂、大包大揽，一旦问题棘手或者遇到司法不公等诸多困难时，却推脱责任。

7. "侠士义士"心态

有人说律师是一个维护正义的职业，也是一个美丽的职业，充满探险和抗争的职业。社会和法律制度要求，律师既不能沦为"社会唱反调者"，也不能充当"权力歌唱机"。维护社会正义是律师的理想和追求，但不可以自我贴金，以英雄、侠士自居；

8. "表演"心态

律师是美丽的职业，就是因为他有表现表演的成分，在法庭上慷慨陈词、舌战群儒，需要兴奋与激情表演，需要通过个性化的表达赢得公众关注、赢得声望与市场，也需要通过个性化的表达增强办案效果。尤其当下中国社会律师，既要会做事、做人，也要会"做秀"以赢得公众对案件的关注与支持，挑战公权没有一个合适的尺度，舆论炒作越了雷池，超越了法律和政策的底线，也会给自己带来麻烦。

9. "获奖"心态

律师是需要名望、荣誉但又不宜过于热衷于评奖与虚名的职业，因此很多人过于注重评奖、出名者，或过于虚伪，或过于功利。

10. "江湖"心态

律师是一个社会中介职业，有人说是像一个"掮客"，与三教九流打交道，免不了会染上江湖义气，甚至有的人深谙"江湖"规则，"世事洞明、人情练达"，无视职业道德，流于世俗。

二、律师行为规范的价值要求

理性和独立是律师和记者的共同价值追求，这也是公司律师（法务）价值的要求。

江平谈律师的哲人气质："我曾在国栋主编的《中国大律师》一书中写了一个序，题名为《律师兴则国家兴》，为我国律师制度在国家民主化、法治化中的作用呐喊。两年后，国栋又拟主编《律师文摘》，我想为律师的气质呐喊。"

美国前总统卡特曾说过一句话："我们拥有世界上最多的律师，但我不能说我们拥有的正义就最多。"这句话值得我们深思。

有人对律师职业给予高度评价："律师是运用法律知识的智者，应属于哲人的范畴，哲人者，以真智慧给人以启迪、帮助，指点迷津。"

张思之对律师的行为规范写过一段话："真正的律师，似澄澈见底的潺湲清流，如通体透明的光泽水晶；是真正的人，表里如一，道德崇高，事事处处体现着人格的完善与优美。真正的律师，必有赤子之心：纯正善良，扶弱济危；决不勾串赃官，奔走豪门，拉拉扯扯，奴颜婢膝；决不见利忘义，礼拜赵公元帅，结缘市侩，徇私舞弊；他自始至终与人民大众走在一起。真正的律师，实是一团火，从点燃到熄灭，持续放着光，散着热。艺品高超，仗义执言；爱爱仇仇，义无反顾。"

三、律师的职业意识

目标意识：律师是运用自己的法律知识为当事人服务的，以维护当事人的利益为目标。并分析其法律可行性，这是律师解决问题、帮助委托人实现目标的前提。

委托意识：接受当事人的委托，应当客观、准确地判断委托人的真正需求，提出最有利于委托人的观点和方案，在法律的框架内，实现委托人的利益。

独立意识：虽然接受当事人的委托，但不能完全按照委托人的意志行事，更不能被委托人的思想左右，要依靠自己的专业知识和专业，独立地去认识和解决问题。

风险意识：律师也是一个高风险的职业，风险来自法律规定、职业规定、行业规定、工作程序以及社会媒体的舆论评价，甚至于某些执法不公的影响。

四、律师的职业技能

社会和行业对律师的素质要求很高，包括的范围也很广泛，一般来讲主要有5条：广泛的法律知识，加上研究分析能力、写作能力、口头表达能力、分析应变能力。

法律知识：这是一项最基本的素质，要经过专门的学习和培训，专门的考试选拔，并通过一定的实际工作经验，才能成为一个法律职业者。

研究分析能力：目前学习法律的人很多，想当律师的人很多，但是要想成为一名优秀的律师，那也是不容易的，除了具备一定的法律知识外，个人的天赋很重要，尤其是研究分析能力，必须具有对法律知识运用到实际工作中并研究解决实际问题。

写作能力：人们经常说律师靠笔头子和嘴头子，这话有一定的道理。

法律工作中的诉讼文书很多，比如说起诉状、答辩状，辩护词、代理意见、写作水平的高低，表达的是否具有逻辑性和说服力，在工作中有立竿见影的效果。

口头表达能力：律师应当是一个能说会道的人，需要能言善辩，具有准确而清晰地表达自己观点、思想和态度的能力。有些律师在法庭上慷慨陈词，如演员一样的天赋，表演得很好，就能够博得社会的好评。

分析应变能力：比如律师在庭审过程中，新的证据、新的诉求、新的反驳、新的答辩，层出不穷、变化多端、瞬息万变，好的律师遇到任何事务都能处变不惊，保持应有的冷静和沉着，有效处理发生在正常化和非正常情况下的重要事务。

五、律师的职业形象

有人说律师是一个美丽的职业,律师在工作中要出色的表现,职业形象就显得非常重要,它直接影响律师在社会公众中的信誉和信任。律师的职业形象由外在形象、专业素养、社交能力和职业道德等多个方面构成,其中,律师的外在职业形象包括律师的衣着、礼节、行为、举止等。律师需要不断提升自身的职业形象,以便更好地为客户提供法律服务。

六、法务人员的类型划分和职业素养

(一)类型划分

第一类:民工类法务人员。在法务群体之中,存在这样一个群体,一方面因为初入行,知识不多,经验不足,几乎难有案源;另一方面,对事实和法律关系把握不准,水平较低。

第二类:技工类法务人员。相对于民工,就法律行业而言,技工的"技术",在经验和技能两方面都有体现。民工经过锻炼和学习,对某些法律的理解和运用有所提升,已经能够从事实到法律加以解析和论证,解决一些问题。

第三类:专家类法务人员。经过多年积累,某些公司律师已经对行业有了更深认识和把握,对自身的执业也依循专业化思路确立了方向,在同行中的地位和影响力也逐步提升,具备了丰厚的法律知识和处理经验,成了专家。

第四类:管理者总法务官。经过多年的努力和进步,走上了领导岗位,重在"管人"和"管事",而不是亲力亲为法务。

第五类：法务职业家。职业家和专家的区分，一方面在于职业家肩负有一种谋生之外的使命感，一方面也是因为职业家真心将法务当作终生的事业和追求。法务专家可能在法律实务方面有了精深见解和理解，关注业界动态，对热点大案、要案常有发声，在同行组织之中也往往占据要位，法务职业家往往是成了行业内显然的"高人"和精英。

第六类：法务知本家。"知本家"的含义，一方面是因为其拥有专业知识，另一方面也是因为其积累了深厚的资本，两相结合，"知本家"的称谓或许是得当的，在业界地位显赫，可以说已经在专业领域达到了顶峰。

第七类：法务社会活动家。相对于其他许多以职业相区分的群体，法务也足是最为活跃的一个群体，对社会热点、社会活动的介入也往往比其他行业更积极。通过微博、博客、报纸、杂志，发表言论，展示自身。这些法务社会活动家，经常穿梭于各类大小论坛、受邀出席各类讲座，也常是媒体所追捧的对象。

第八类：法务上升到政治家。法务走向政治家，这是法务发展的极致，犹如美国的律师当上了总统、议员。

(二) 职业素养

法务人员必须有自己专业和职业的素养，紧盯着法律，紧跟着企业，眼睛里是"商业""专业"和"职业"。

商业，你必须站在企业经济效益和效率与合规相结合的角度思考问题。

作为一名法务，必须有一个明确的认识，应该是帮助公司实现盈利，最大限度降低风险。在商业交易中，风险处处存在，法务人员应当从这个视角出发，以经济和商业相结合的角度去看待问题、解决问题，为商务活动的顺利推进出谋划策。

1. 警犬般的嗅觉

在企业生产经营过程中，敏锐地察觉出其中各类风险存在的可能性。一名优秀的法务应当具有警犬般敏锐的嗅觉，发掘出不同群体不同的法律服务需求，有针对性地积累相应的法律知识，来对接不同的法律需求。

2. 豹一般的速度

法律有时效，工作有进度，项目有目标，法务工作需要效率和效益，商机稍纵即逝，如果识别和防范法律风险延缓，可能酿成大祸，有很多问题是需要紧急处理的。

3. 啄木鸟般的勤劳

法务是企业的风险防范的医生，是企业家的守护者，因此人们常说，啄木鸟是树的医生，不停地忙碌，帮树木啄去害虫，法务应当是企业的啄木鸟，帮助企业找出存在的法律风险和纠纷隐患，尽早解除风险或者加强预防，避免企业遭受更大的损失。

4. 千里马般的耐力

法务工作强度大，有的公司律师手头同时处理的项目、合同、咨询、诉讼有十几个甚至几十个，无休无止的会议、讨论、方案审查、四处奔波的出差，只有具有良好的身体素质才能胜任工作强度较大的法务工作，要有高度的责任心、使命感、坚忍不拔的毅力、顽强拼搏的精神、连续作战的能力，才能较好地完成法务工作。

5. 狼一般的团队协作精神

法务与企业的其他专业化部门管理部门是互相依存、同步进行的。传统的单打独斗型公司律师已经越来越不能适应新兴法律服务市场的发展需求。企业需要综合的法律服务，法务部门和人员应当具有狼一般的团队协作精神,才能为企业提供全方位的优质的专业法律服务。

第三部分
法务业务的管理

第九章 企业制度与法务审核管理

一、管理制度的概念、特征、类型、内容、功能

常言道："国有国法，家有家规。"对于企业而言，内部规章制度就是企业的"内部法"。

管理制度的含义：现代组织的管理制度是用文字形式对组织的生产经营活动及员工的行为所制定的各种规则、章程、程序等管理办法的总称，是组织全体成员必须共同遵守的基本准则和纪律规范，是组织依法进行经营管理活动的必要保证。

管理制度的特征体现在6个方面：一是权威性，二是系统性，三是科学性，是无差别性，五是借助强制力，六是稳定性。

管理制度的类型：根据管理层次和业务范围，分为基本制度、日常管理制度、技术规范、业务规范和个人行为规范五种类型。

制度的内容结构：制度、流程、标准。三者统一是企业经营管理的客观要求，三者统一才能使企业自上而下保持管理目标一致，管理步调一致，发挥最佳的管理效能。制度落实为核心，努力搭建制度、流程、标准统一的管理平台。

建立完整统一的规章制度，其内容体系覆盖了企业生产经营的各个方面。按照篇、章、节、条、款、目的形式形成衔接有序、层次分明的制度体系逻辑结构，做到制度唯一、内容清晰、要求

统一、接口严密。

制度体系包括两方面：一是主价值链（生产业务活动），包括规划计划、科研设计、工程建设、物资采购生产、设备、储运、计量、销售；二是副价值链（职能活动），包括财务、人力、信息、投资、审计、法律、内控、行政、HSE后勤等职能管理。

管理制度的功能：约束功能，协调功能，指挥功能，激励功能，导向功能。

二、中国企业制度建设的现状及目前存在的问题

（一）中国企业制度建设的现状

中国企业建立了规范有序的制度管理体系，形成了对制度制定全过程的有效管控；建立了科学的规章制度系统审核机制，形成了领导班子集体审定制度的机制，形成了总经理统一签发制度的发布机制，形成了领导带头的制度宣贯机制，形成了与岗检、内控、HSE等相结合的制度执行监督机制；制度基本科学、民主、严格、和谐；企业形成"办事讲规则、决策讲程序、工作讲效率、责任讲追究、做人讲品德"的管理格局。

通常，一个企业的内部规章制度涵盖到企业生产经营的方方面面，包括组织机构及其职能规定，内部生产流程或经营流程，生产安全，管理员工的聘用、晋升、离职、辞退、薪酬、福利保障、内部奖惩等等。覆盖面过大，常常会导致企业在制定内部规章制度时，会出现无法避免的疏漏。此外，由于企业的发展周期长短不同，在不同的发展阶段会有不同的企业目标，这些改变也常常会使得企业在制定内部规章制度时易出现不适用或不合理的地方，

需要企业不时进行修订。但是，由于内部规章制度的繁杂，企业常常会有意或无意地忽视去根据自身的发展情况，对已有的内部规章制度进行及时、合理地修订。这些疏漏和忽视，当出现劳动争议时，将可能导致企业处于被动的局面。

（二）目前存在的问题

在管理和建设方面，存在顶层设计不科学，习惯于人治和行政指挥，权力不受约束；不全面，不完善，不成体系；科学性和严谨性不够，法律法规的融合度不高，与科学管理体系的内容对接不够，与企业的生产实际不够贴近，缺乏针对性；政出多门，多层次多渠道多部门出台文件，没有统一的管理部门，部门壁垒，丛林法则，各敲各的锣，各打各的鼓，各唱各的歌，通过制度，为自己争取权利，推卸责任；权、责、利的统一和匹配不够；管理制度的执行不力。执行制度是比制定制度更为艰巨、更为重要的工作。再好的制度，如果得不到有力的贯彻执行，而是束之高阁，"写在纸上，贴在墙上，喊在嘴上，而不落实在行动上"，也无法起到它应有的作用。

在已有制度方面，存在水平较低的问题。制度多、体系多、标准多，造成基层负担沉重，疲于应付；各种检查、审核、测试、评审及繁杂的资料记录，造成了大量的人力、财力、物力的浪费；制度与体系交叉、重复、矛盾，影响了制度的严肃性和权威性，制度执行力差；管理职责不清，管理内容重复、冲突，工作流程混乱，导致管理效率低下。

三、制度文本形成的三种方法和程序

（一）制度文本三种方法

单项分散法：制度是非业务的，也是分部门的，更需要有专业性的，因此将制度分散在各个业务主管部门进行专业调研、制定和管理，将更有针对性和科学性。

汇编法：是指对已经颁布的规章制度按照一定的方法或标准进行系统编排，收集汇编成册。

编撰法：是指对各项分散的规章制度进行审查、修改和补充，按照业务流程和管理系统编撰成具有完整结构、统一体系的制度文本。

（二）制度制定的流程和关键环节

制度制定程序包括明确需求、立项、调研、论证、参考国内外先进经验、起草、讨论、审核、研究、决定、颁布等环节。其中，论证是关键环节：纵向论证，职能部门内部调研讨论研究；横向论证，业务关联部门之间的讨论和交流；业务层面论证，专家学者和实际经验丰富的管理人员提出专业意见；决策层面，领导班子开会讨论研究集体决定。

企业制度建设的重点有以下几方面：

突出重点和重点领域：Q、HSE、内控、标准。

重点对象：生产经营基层单位。

重点任务：统一制度规则、优化简化记录、统筹合并检查。

重点目标：提高制度质量、推进管理提升注重实效。

四、制度管理

一般来讲,企业的规章制度管理,实行分级制定、统一发布、归口管理的方式。

规章制度是公司的"小法律",以公司发展战略为导向,统筹规划,突出重点,持续改进,构建系统完备、科学规范、运行有效的规章制度体系。

(一)制度决策者

董事长或(代理董事)是企业规章制度、工作流程的最终批准人,其主要工作职责:对公司各部门规章制度、工作流程制定、修订、废止的审批权;对规章制度、工作流程管理中出现制度、流程争议的最终裁定权。

(二)管理部门及职责

在我国企业通常的做法是,法务和企业管理部门是规章制度的综合管理部门,主要履行以下职责:

(1)组织制订公司规章制度和管理规范。

(2)组织制订公司规章制度体系建设规划,即制度体系的范围和分类。

(3)负责组织制订、修订各部门规章制度、工作流程、与管理相关的实施细则。

(4)组织或参与公司重要规章制度的论证和起草工作。

(5)审核各类规章制度草案,这是规章制度管理的日常工作,保证制度的合法性和合规性。

(6)组织对公司规章制度的实施进行监督检查,保证制度的执行。

（7）协调处理公司规章制度执行中的冲突，保证制度之间的统筹和协调及正常运行。

（8）根据反馈和要求，适时修订、完善公司规章制度、工作流程。

（9）对规章制度、工作流程的执行过程进行监督与检查，对规章制度、工作流程的执行过程中不规范行为进行纠正与处罚。

（10）指导、检查所属企业规章制度的管理工作。

（三）企业职能部门及职责

企业机关职能部门和下属分公司作为企业业务领域的管理者和执行者，主要履行以下职责：

（1）负责建立专项业务领域规章制度体系。

（2）负责本部门或本岗位规章制度、工作流程执行和管理。

（3）按照分类制定和分类管理的原则，有针对性地负责主管业务领域规章制度的起草。

（4）负责建立健全与流程配套的表单、管理制度、规章等文件的拟订、使用，负责主管业务制度的宣贯和培训、组织实施、监督检查。

（5）负责对规章制度、工作流程进行落实、推行、反馈，并根据实际情况制订改进计划，对规章制度、工作流程的实施情况进行汇报。

（6）负责主管业务领域规章制度的清理、废止和持续改进。

（7）指导、检查所属企业相关业务领域规章制度建设工作。

五、制度制定

（一）企业管理规章制度的种类

规章制度是组织管理过程中借以约束全体组织成员行为，确定办事方法，规定工作程序的各种章程、条例、守则、规程、程序、标准、办法等的总称。它是合理组织集体协作行为，规范个人活动，实行科学管理，维系企业组织正常运转的手段，是组织管理必不可少的一项内容。

一般分以下五类：

企业基本制度，是企业的"宪法"，它是企业规章制度中具有根本性质的，规定企业形成和组织方式，决定企业性质的基本制度。企业基本制度主要包括企业的法律和财产所有形式、企业章程、董事会组成架构、高层管理组织规范等方面的制度和规范。它规定了企业所有者、经营管理人员、企业组织成员各自的权利、义务和相互关系，确定了财产的所有关系和分配方式，制约着企业活动的范围和性质，是涉及企业所有层面、决定企业组织形成的根本制度。

管理制度，是对企业管理各基本方面规定活动框架，调节集体协作行为的制度。管理制度是比企业基本制度层次略低的制度规范。它是用来约束集体性行为的成体系的制度和规范，主要针对集体而非个人，如各部门、各层次的职权、责任和相互间的配合、协调关系，各项专业管理规定（人事、财务、业务），信息沟通、命令服从关系等方面的制度。在组织管理的体系中，相当一部分就是管理制度，它是将单独分散的个人行为整合为有目的的集体化行为的必要环节,是管理赖以依托的基本手段。

技术规范,是对涉及某些技术标准、技术规程的规定。它反映生产和流通过程中客观事物的内在技术要求,科学性和规律性强,是经济活动中必须予以尊重的。技术规范涉及内容很多,从各类技术标准到生产工艺流程,乃至包装、保管、运输、使用、处理等都有其内在规律。企业组织管理中经常碰到的主要有标准、操作规程、生产工艺流程、运输保管要求、使用保养维修规定等方面。

业务规范,业务多为定性的,程序性强,是人们用来处理常规化、重复性问题的有力手段,如安全规范、服务规范、业务规程、操作规范等。有些业务规范与其他规章制度往往有交叉、重叠,常与其他制度结合在一起。

个人行为规范,是所有对个人行为起制约作用的制度规范的统称,它是企业组织中层次最低,约束范围最宽,但也是最具基础性的制度规范。其效果好坏、程度如何往往是更高层次约束能否有效实现的先决条件。

(二) 规章制度的制定和管理

规章制度的制定和管理应遵循以下原则:

(1) 遵守国家相关法律法规,保证规章制度的合法合规。

(2) 坚持继承与创新相结合,科学总结规章制度建设的经验教训,吸收公司管理的优秀成果,融合提炼、持续创新、保持规章制度的先进性。

(3) 坚持规范与效率的统一,突出对关键环节和重点领域的管理控制,既关注过程,更关注结果。

(4) 坚持管理制度与流程体系、一体化管理体系、内部标准化体系等形成一体化的原则，对同一事项或管理活动原则上只受单项规章制度的约束，有计划、有组织地推进管理制度与流程体系、管理体系内部标准体系实现一体化的进程。

（5）严格履行规章制度和管理程序，保障规章制度的制定和实施的民主性和科学性，坚持规章制度的制定与实施并重。

（三）规章制度的立项

论证制度立项的必要性，应当从公司业务发展需要和管理水平提升出发，结合国家法律法规变化，加强制度体系顶层设计，既要弥补缺失，完善制度体系，又要优化内容，提升制度质量，简化结构，避免制度庞杂，并与标准、流程及其他管理文件相衔接配套。另外，制度的立项，应考虑制度编制的目的、依据和原则，适用范围，管理、制定和发布部门的相关职责，管理事项和内容。

（四）规章制度的起草

起草规章制度应由起草部门负责人组织，拟订起草计划，明确工作内容和分工。

管理制度立项部门应对管理制度制定的必要性和调整范围及需要解决的主要问题进行充分地研究和论证；起草部门应根据规章制度规范的事项，收集和研究相关法律法规、规章制度、标准等，并就有关问题开展制度调研和对标。

起草部门应当对规章制度的规范事项、管理程序、风险节点、控制措施、管理要求进行梳理，对需要解决的问题和解决方案、管理职责划分和管理部门职责界定等做出充分论证，设计形成规章制度草案的基本框架。重要的规章制度应当进行专项调研并形成论证材料。起草部门应当根据调研论证情况和规章制度草案的基本框架，组织起草人员编写规章制度草案。

管理制度的起草工作由其相应职能部门负责，对于业务职责交叉的管理制度涉及两个及以上部门或单位的，承担主体责任的部门为起草负责部门对该项管理制度承担主要责任，其他起草协办部门对专项管理制度所涉及本部门职责的内容负责，责任界定不清的请管理制度主管部门进行协调。

规章制度草案内容应当满足以下要求：符合国家法律法规，不与法律强制性规定相抵触；体现公司的整体意志和管理要求，符合公司实际；反映生产经营管理规律，体现先进的管理思想、技术和方法；有合理的权力制衡机制，权责明确，程序清晰，内容具体，与相关规章制度衔接配套，内容不重复、不矛盾。

规章制度草案应当体例格式统一规范、逻辑严密、文字简洁、表述准确，要具备以下基本内容：规章制度名称，依据和宗旨，适用范围，管理部门及职责，管理程序和具体规范，监督与责任，解释部门，颁发生效时间。

（五）规章制度的审核

法务和企管部门负责组织规章制度的审核。

相关业务主管部门完成规章制度起草工作后，应向主管部门提交规章制度草案、相关部门和单位的意见、需要说明和协调解决的问题以及其他需要提交的材料。

应对管理制度草案进行分析论证，提出书面会签意见，包括综合性审查和专业性审查、协调性审查和法律审查，还要通过标准体系审查管理。综合性管理制度，由主管部门组织协调，具体审查由承担该项职责的相应职能部门负责综合性审查工作。

经审核，对符合要求的规章制度草案呈报审议；对不符合要求的，法务部协商起草部门补充、修改；对审核认为应当撤销的，报公司业务主管领导审批后，予以撤销。

（六）规章制度的实施

规章制度颁发后，应当对制度实施有关的部门、单位和人员进行宣讲培训，做到应知应会。

规章制度的实施中，与规章制度实施有关的部门、单位和人员应当认真贯彻执行规章制度，严格按照规章制度的规定履行工作职责。

规章制度的协调运行，规章制度执行过程中，如发生部门之间冲突、部门和单位之间的冲突、制度与制度之间的冲突，规章制度起草和管理部门应当组织研究、及时协调、解决问题，对规章制度存在的缺陷进行修订完善。

规章制度的检查和考核，规章制度起草部门在业务管理中应当对规章制度建设和执行情况进行跟踪检查，将规章制度建设和执行情况作为工作考核、业绩评价的内容。

六、规章制度的评价与改进

规章制度管理部门应定期组织业务部门和单位开展规章制度清理、评价。根据需要，规章制度管理部门可针对某一领域规章制度组织专项清理、评价。

业务部门和单位对主管业务领域内的规章制度进行清理，应评价以下内容：

（1）系统性。规章制度是否配套完善、覆盖各项业务，是否与其他相关制度或管理文件存在重复、冲突。

（2）合规性。规章制度依据的法律法规、上级规章制度是否有调整，是否满足新的要求。

（3）适用性。规章制度涉及的管理机构、职责、权限、程序或要求是否仍然适用，是否已发生变化。

（4）先进性。规章制度是否符合管理规律、满足管理提升的需要，是否存在管理缺陷。

（5）有效性。规章制度是否得到有效实施、是否满足执行要求。

规章制度的修订按照规章制度的制定程序执行。符合以下情形之一的规章制度应当进行制定或修订：

规章制度缺失、不配套的；内容冲突，相互抵触的；与其他管理文件要求不一致，需要修订规章制度的；依据的法律法规、上级规章制度已经调整变化的；管理机构、职责、权限、程序或要求已经发生变化的；规定落后于业务发展，内容老化的；内容虚化、操作性不够、难以执行的；其他规章制度评价认为需要制定或修订的。

符合以下条件之一的规章制度应当废止：

被新的规章制度取代的；规章制度规范的事项已不能继续存在的；规章制度没有实际执行的；其他规章制度评价认为需要废止的。规章制度被新制度取代的，应在新制度中宣布废止；其他原因需废止的规章制度，应参照制定程序，由规章制度管理部门行文宣布废止。

第十章 法人治理结构

一、什么是公司治理结构

公司治理结构又称法人治理结构、公司治理系统、公司治理机制,是一种对公司进行管理和控制的体系。

公司治理结构,是指为实现资源配置的有效性,所有者(股东)对公司的经营管理和绩改进行监督、激励、控制和协调的一整套制度安排,它决定了公司发展方向和业绩的各参与方之间的关系。

典型的公司治理结构是由所有者、董事会和执行经理层等形成的一定的相互关系框架。根据国际惯例,规模较大的公司,其内部治理结构通常由股东会、董事会、经理层和监事会组成,它们依据法律赋予的权利、责任、利益相互分工,并相互制衡。

通俗地讲,公司治理结构就是公司的领导和组织体制机构,通过治理结构使公司内部三个机构的权力得到合理分配,使各行为人权责明确,形成相互协调、相互制衡的关系,保证公司交易安全,运行平稳、健康,使股东利益及利益相关者(董事、经理、监事、员工、债权人等)的共同利益得到平衡与合法保护。

资产所有权和使用权关系、管理层领导之间关系、交易关系、收益和分配关系等重大关系,好比公司是法人,这些关系是法人的身体和四肢。公司法人治理就是中枢神经,公司治理结构事关公司的控制系统。

有资料显示，中国企业平均寿命只有8年。究其原因，80%的企业死于治理结构不完善或未发挥作用。虽然早在1994年，我国就颁布了《公司法》，明确规定了公司的法人治理结构，可惜多数上市公司的董事会、监事会流于形式，企业自身并未充分认识它的重要性，致使治理结构不能发挥真实有效的作用。

二、公司治理结构的作用

公司治理结构要解决涉及公司成败的三个基本问题。

一是如何保证投资者（股东）的投资回报，即协调股东与企业的利益关系。

二是如何协调企业内各利益集团的关系。这包括对经理层与其他员工的激励，以及对高层管理者的制约。

三是如何提高企业自身抗风险能力。随着企业的发展不断加速，企业规模不断扩大，企业中股东与企业的利益关系、企业内各利益集团的关系、企业与其他企业关系以及企业与政府的关系将越来越复杂，发展风险增加，尤其是法律风险。合理的公司治理结构，能有效地缓解各利益关系的冲突，增强企业自身的抗风险能力。

三、公司治理结构的选择

公司治理结构是从西方国家开始的，西方的公司治理结构通常有英美模式、日本欧洲大陆模式等。

西方公司有近400年的发展史，公司治理方面的制度健全，

由于各国法哲学、历史传统、政治制度及其他条件的不同,各国的公司治理结构因而各不相同,大体上有三种模式:

日本模式:公司治理结构由股东大会、董事会、经理、监察人组成。其特点是经营阶层(董事会、经理)决策的独立性强,基本不受股东直接影响,但易致内部人控制。

美国模式:治理结构由股东大会、董事会和高层经营人员(首席执行官)组成的执行机构、公共会计师三部分组成。其特点是股权十分分散,股东的制约力强。

德国模式:该模式下公司运营时,股东、董事会和职工共同决定公司重大决策、目标和战略;监事会对董事会成员有任免权,决定公司的经营方针,投资方案等,监事会作用大;员工参与性强。其特点是关注股东与利益相关者的共同利益。

我国公司治理结构采用"三权分立"制度,即决策权、经营管理权、监督权分属于股东会、董事会或执行董事、监事会。通过权力的制衡,使三大机关各司其职,又相互制约,保证公司顺利运行。

四、法人治理结构的建立应当遵循的原则

虽然各个国家法律规定不同,但是法人治理结构的建立普遍遵守法定原则、职责明确原则、协调运转原则、有效制衡原则等四个原则。

法人治理结构建立的原则,各个国家规定有所不同,但这些原则建立的目的应当达到以下要求:

维护股东的权利是基本出发点;治理结构框架应当确保包括

小股东和外国股东在内的全体股东受到平等的待遇；公司治理结构框架应当确认利益相关者的合法权利，并且鼓励公司和利益相关者为创造财富和工作机会和保持企业财务健全而积极地进行；公司治理结构框架应当保证及时准确地披露与公司有关的任何重大问题，包括财务状况、经营状况、所有权状况和公司治理状况的信息。

公司治理结构框架应确保董事会对公司的战略性指导和对管理人员的有效监督，并确保董事会对公司和股东负责。

五、建立中国特色的党领导下的国企法人治理结构

公司制是现代企业制度的一种有效组织形式，是我国国有大中型企业改革的方向，而法人治理结构是公司制的核心。基于我国国有企业公司化改革的特殊情况及存在的法人治理结构不规范的种种表现，规范和完善公司法人治理结构将是一次企业革命。

构建确保党组织充分发挥政治核心作用的公司治理结构运行机制。

2017年国务院办公厅《关于进一步完善国有企业法人治理结构的指导意见》明确指出：完善国有企业法人治理结构是全面推进依法治企、推进国家治理体系和治理能力现代化的内在要求，是新一轮国有企业改革的重要任务。

1. 指导思想

全面贯彻党的十八大和十八届三中、四中、五中、六中全会精神，深入贯彻习近平总书记系列重要讲话精神和治国理政新理念新思想新战略，认真落实党中央、国务院决策部署，统筹推进

"五位一体"总体布局和协调推进"四个全面"战略布局，牢固树立和贯彻落实创新、协调、绿色、开放、共享的发展理念，从国有企业实际情况出发，以建立健全产权清晰、权责明确、政企分开、管理科学的现代企业制度为方向，积极适应国有企业改革的新形势新要求，坚持党的领导、加强党的建设，完善体制机制，依法规范权责，根据功能分类，把握重点，进一步健全各司其职、各负其责、协调运转、有效制衡的国有企业法人治理结构。

2. 基本原则

（1）坚持深化改革。尊重企业市场主体地位，遵循市场经济规律和企业发展规律，以规范决策机制和完善制衡机制为重点，坚持激励机制与约束机制相结合，体现效率原则与公平原则。

（2）坚持党的领导。落实全面从严治党战略部署，把加强党的领导和完善公司治理统一起来，明确国有企业党组织在法人治理结构中的法定地位，发挥国有企业党组织的领导核心和政治核心作用，保证党组织把方向、管大局、保落实。坚持党管干部原则与董事会依法选择经营管理者、经营管理者依法行使用人权相结合，积极探索有效实现形式，完善反腐倡廉制度体系。

（3）坚持依法治企。依法治企是依法治国的微观基础和重要组成部分。习近平总书记指出，守法经营是任何企业都必须遵守的一个重大原则，各类企业都要把守法诚信作为安身立命之本，依法经营、依法治企、依法维权。

首先，依法治企是原则也是准则。企业的任何生产经营活动，发生的任何经济业务，都必须依法进行，违反法律法规及内部规章制度，就应该受到严惩。

其次，依法治企是企业的保护伞。企业只有在法律、规章规范的框架内从事各项生产经营活动才能受到法律的保护,脱离法律的约束就不会得到保障。

最后,依法治企是企业的警示器。企业在发展过程中,必须坚持依法治企,违背依法治企,企业就很难发展下去。

(4) 坚持权责对等。

从目标上看,国有企业的产权属性是公有制,全体人民是国有资产的终极所有者和出资人,因此国有企业公司治理结构依法履行职权的目标就是维护国家和人民的利益。而中国共产党作为执政党和全国最广大人民群众根本利益的忠实代表,在国有企业中主要是通过党组织发挥政治核心作用来实现和维护人民的根本利益。

从功能上看,党组织在国有企业发挥政治核心作用,主要是在国有企业的政治属性上,保证监督党和国家方针、政策在企业的贯彻执行,支持公司治理结构依法行使职权,确保党对国有企业的政治领导。而董事会、经理层和监事会作为公司运行的权力中心,主要是从国有企业作为市场竞争主体的经济属性上,维护股东的权利,保证国有资产保值增值,实现企业经营效益最大化。因此,只有把两者功能有机融合起来,才能真正实现国有企业在追求经营效益最大化的同时,不会偏离中国特色社会主义方向,并确保企业科学发展。

从政治上看,国有企业是中国特色社会主义的政治基础。从经济上看,公有制为主体是社会主义生产关系的本质特征,国企的资产是国家的,国家就是最大的股东。中国必须办国有企业、必须坚持党管国企。

从产权归属角度讲,国有企业应承担三项责任,即经济责任、社会责任和政治责任,这是国企党委会所要关注的重点。而在具体的功能发挥上,国企应当充当市场竞争的主体、行业发展的引领、宏观调控的工具和公共品提供的主力,这是董事会所关注的重点。

要正确处理加强党的领导和完善公司治理的关系。妥善处理党组织与董事会、经理层、监事会的关系。国企内部党委的领导是从责任分工来讲的,主要针对的是人。而董事会的管理则是从具体职能来说的,主要针对的是事。党委和董事会的权责是不同的,两者并行不悖,避免了冲突和扯皮。在工作职能上结合。

实践证明,"双向进入、交叉任职"是实现党组织政治核心作用与公司治理结构有机结合的有效办法。通过"双向进入、交叉任职",企业党委成员通过法定程序分别进入董事会、经理层、监事会,董事会、经理层、监事会中的党员依照有关规定进入党委会,有效实现企业党组织与董事会、经理层、监事会职能上的有机结合。

国企应建立起一种"人事结合、两个'三会'有机统一"的中国特色现代国企治理制度。

具体来说,国企内部的党委会、工会、职工代表大会"三会"主要针对人(包括企业的员工,特别是经营者),其任务是保证国有企业承担前述的经济、社会和政治三大责任;国企内部的股东大会、董事会和监事会"三会"主要针对事(企业的具体业务),其任务是保证国有企业有效地发挥前述充当市场竞争主体等四个职能。

完善中国国企的现代企业制度,实现所有权和经营权的分离。

"双向进入、交叉任职"的核心是党委书记与公司治理结构的结合问题。在具体实践中,党委书记在企业中的职务配置有多种形式,最常见的有两种模式:一种模式是企业主要负责人实行"一肩挑",党委书记兼任董事长或总经理(不设董事会的国有企业);另一种模式是党委书记与董事长或总经理分设。还可能有一种就是党委书记和董事长交叉任职,基层就是厂长兼任党委副书记,党委书记兼任副厂长。

第一种模式虽可有效保证企业党组织参与重大问题决策,但极易导致党组织监督制约相对弱化,能否充分发扬民主、坚持集体决策、实现组织参与,更多取决于企业主要负责人的个体素质。第二种模式虽然可以有效实现分权制衡,但容易产生矛盾分歧,增加协调难度,降低决策效率。

因此,现阶段,企业党组织与公司治理结构工作职能的结合方式应因企制宜,合理配备,重点把握好三个方面:一是根据企业的股权结构,最大限度提高交叉任职比例;二是最大限度强化党组织对董事会提名、薪酬与考核、审计等专门委员会的领导与指导作用;三是最大限度做好党委成员与董事会、经理层成员的分工对接。

在工作理念上融合。实现理念融合,要求企业党组织与董事会、经理层、监事会的相关人员必须牢固树立六种理念。

1. 要树立目标一致的理念

企业党组织与董事会、经理层、监事会在企业里虽然充当不同角色,承担不同责任,发挥不同作用,但它们的最终目标是一致的,即促进企业科学发展。

2. 要树立相互尊重、相互支持、相互配合的理念

企业党组织与董事会、经理层、监事会在共同的目标下发挥作用、行使职能,在工作中只有相互尊重、相互支持、相互配合,

才能形成推动企业发展的强大的工作合力。

3. 要树立"全面履职,不缺位、不越位"的理念

企业党组织成员,既要积极参与企业重大问题的决策,认真履行好各项职责,同时,也要积极支持董事会、经理层、监事会依法行使职权,充分调动他们的积极性,为他们正常开展工作创造宽松和谐的环境。

4. 要牢固树立双重责任、双重使命的理念

企业党组织与董事会、经理层、监事会在工作职能和工作机构融合以后,许多人员身兼两职,身负双责,一定要强化"双责"观念。要通过思想理念上的融合,真正形成党组织与董事会、经理层、监事会相互支持、相互配合、运转协调的新格局。

5. 正确处理各方面的关系,提高法人治理结构的整体效能

要保证企业法人治理结构规范运作,还必须根据企业领导体制的新变化,正确处理多方面的关系。在实践中,我们坚持做到:思想上共识,形成同频共振的合力;工作上共为,创造合作共进的局面;行为上共约,塑造严于律己的形象。

6. 构筑惩防体系,把党的纪律作风优势转化为实现国有企业科学发展的控制力

国有企业党组织具有其他企业所不能比拟的纪律作风优势。把党的纪律作风优势转化为实现国有企业科学发展的控制力,关键是要以完善惩治和预防腐败体系为重点,全面落实党风廉政建设责任制,切实加强反腐倡廉建设,加大国有企业管控力度,切实管住人、管住权、管住钱。

六、总法务官在法人治理结构中的地位及作用

公司法人治理结构是法务工作的核心,法人治理结构也决定了公司的法律管理体制和机制以及法律顾问的角色、地位和作用。

在党领导下的法人治理结构中,不管总法律顾问出于什么样的地位角色,前提是必须服从党的领导。法律属于上层建筑的领域,与政治关系最为密切,贯彻落实法律和执行党的方针政策,是一致的、统一的,相成相辅、相得益彰的。

诺亚财富副总裁兼首席法务官郭建军在《法人》的特约撰稿中说:"不管承不承认,CLO 的时代已经来临。回顾一家企业在历史不同阶段的特征,或许我们会对这种趋势有更加清晰的认识。以前企业都以生产为中心。酒香不怕巷子深,然后企业慢慢认识到广告的作用,迅速由生产过渡到市场营销阶段,营销部门总是一个企业最大的团队。然而,营销的扩张并不是无限的,因为营销致死的案例也不在少数,企业开始意识到综合财税筹划的威力,CFO 开始登场。从生产到市场营销,再到财务筹划,一路发展到现在,企业主的危机感并没有消除,他们越来越认识到,在看似高大上、实则陷阱重重的综合竞争面前,一个既懂法律规则又深谙政府政策的高参将越来越重要。法律规则没有正邪,谁掌控了都是力量,而 CLO 是最善于用法律规则打败法律陷阱的人选。"

在现代西方大公司中,首席法务官(CLO)作为公司高管和董事会成员,是公司治理的核心成员之一,也是首席执行官(CEO)和首席财务官(CFO)最佳的战略伙伴,他与首席执行官和首席财务官构成一个相对稳定的公司治理"铁三角",共同参与公司

战略的规划与决策。CLO 在西方公司的崇高地位源于全面市场化的经济和严苛的政府监管，激烈的市场竞争需要 CLO 的加入以防范法律风险，而政府监管者更期望通过公司所有者或者董事会向公司管理层直接委派 CLO，并赋予其极大权力和法律责任，用以监督和规范公司在合规遵循和风险控制方面的工作，避免重大舞弊等内部人控制行为的发生，以保障公司在内外部合法合规的轨道上长久运营。

1. CLO，一种新兴的公司治理制度

CLO 产生于欧美国家。CLO 作为一种新兴的公司治理制度，其理论框架不仅仅是建立在公司制度上，而是把法学、管理学和经济学的基础理论结合起来，从经济与法律相结合的角度，从管理学发展的趋势视角来解决现代企业问题。因公司治理的核心是通过法律制度的建设，将所有者、董事会和高级经理三者组成一种相互制衡的组织结构。公司治理的核心是权力的制衡，而 CLO 制度正好偏重于内外部的控制，CLO 制度是一种董事会在经理内部建立起的制衡机制，是董事会对经理制衡机制的一种延伸。

2. 金字塔，CLO 的权力结构

在公司治理中，现代企业已经意识到赋予 CLO 权力的重要性。在实践中，根据 2012 年的一项调查显示，55% 的 CLO 从 CEO 获得授权并向 CEO 负责，36% 的 CLO 从董事长获得授权并向董事长负责。CLO 制度的三个支点分别是一票否决权、社会律师豁免特权和独立合规监管。

CLO 的定位是需要 CLO 作为法律和风险控制方面的专家，通过其专业才能协助经营者保证企业安全。CLO 对董事会负责的情况下相对独立，在一定程度上减轻了经营者的"内部人"行为，

使股东的利益得到较为有效的维护。CLO 既要向董事会负责，又要向经营层负责，并协调好两者的关系。由此，产生了三个层次的 CLO 受托责任，即对股东、董事会和 CEO 的受托责任。

自 2010 年起，以苹果、三星和谷歌三巨头为核心的专利世界大战牵动了全球 TMT 行业的神经，整体诉讼的金额已经超过千亿美金，但人们没有注意到其背后的操盘手正是各大巨头的 CLO，他们凭借专业的法律能力和果敢的商业判断帮助其东家赢得了一个个"战役"。美国 CLO 战略定位在业界堪称典范，他不再仅仅担当法律顾问一种角色，而更重要的角色是战略规划的制定者、公司治理的设计者、合规遵循的监督者、风险管理的规划者、法人安全的保障者、无形资产的经营者。

CLO 作为公司安全的守护人，从物理、信息和人员三方面对公司安全进行防护。在物理安全方面，CLO 要建立物理安全的防护体系；在信息安全方面，更要建立攻防一体的控制体系。现代企业的资产结构中，无形资产的比重在逐步增加，信息安全保护模式也发生了根本性改变。在法人安全方面，CLO 的职责更多，他要保证法人的角色安全。

美国很多上市公司的资产中，无形资产所占比例都已超过所有资产的一半以上，无形资产的运作管理已成为企业法律部门的重要工作。出色的 CLO 应是多面手，能随时在技术和知识产权专家、财产评估专家、商业战略家等角色间切换。企业中没有谁比 CLO 更适合担任公司无形资产如专利、商标、域名等的操盘手，他会识别企业无形资产中的关键价值驱动源，懂得无形资产价值增值与商业化的路径，然后进行熟练的调配。

3. CLO 在公司治理中的关系营建与冲突管理

不管将 CLO 比喻为公司的降落伞还是守夜人，CLO 都会在职能上与其他部门存在诸多冲突，而且越是跨国公司这种矛盾会越明显，因此理清 CLO 与公司其他高管和机构的关系显得至关重要。

我国公司法人治理结构目前存在的主要问题是：所有者缺位状况仍未解决，由此产生"内部人控制"问题，对经理层的约束机制空缺。

第十一章 合规管理

一、合规的概念与历史

"合规"一词,在中国的字典中并无特别解释,从字面意义来看,就是合乎规定、规范的意思。而作为专有名词的"合规"是由英文"compliance"一词翻译而来的,原意为"遵守、服从,指不违反法律或协定",其所针对的对象主要为法律、法规。

合规最早出现于美国银行业的监管,可追溯到20世纪30年代的金融危机,并经历了"缺乏管制导致风险严重,应对风险实施严格管制——促进金融效率放松管制,防范新的风险,强调外部监管与内部约束并重"的历史变迁过程。但是,直至美国安然公司因信用危机破产后,社会才更为迫切地要求上市公司严格遵守相关法律规范。在这个领域中,最具意义的规定是由两位国会议员——参议员保罗·萨班斯以及迈克尔·克奥克斯利——在2001年推进的萨班斯-奥克斯利法案,这项法案最具积极意义的地方在于更加严格地定义了公司高级管理层对于财务审计报告精确性并且要求其承担相应的个人责任。至此,"合规"才真正从金融机构风险管理中独立出来成为一项专门管理活动。

在美国,"合规"一般意味着行为须符合法律和其他规范,可以是刑法、民法或者行政性规定。在英国,"合规"是一个相当重要的规定，其所有的规范均来自欧盟立法。在英国，不同领域的规制由不同的主体进行。例如，这些主体可以是英国金融行为监管局（FCA）、环境署、苏格兰环保署、信息专员办公室等等。由英国财务报告委员会（FRC）签字实施的英国公司治理准则（TheUKCorporateGovernanceCode）确立了公司如何实践董事会领导及效率、薪酬、承担责任以及和股东的关系问题。在符合上市规则的情况下，所有在英国具有产权股挂牌上市的公司都被要求在其年度报告和审计材料中，提供公司是如何遵守应用了英国公司治理准则的。2002年，瑞士银行家协会在内部审计指引中，把"合规"界定为："使公司经营活动能够和法律、政策管制、内部规则保持一致"。2004年美国的COSO发布了《企业风险管理——整合框架》，认为"合规"具体是指："须致力于遵循企业主体适用的法律和法规"。2005年4月，巴塞尔银行监管委员会发布了《合规与银行内部合规部门》高级文件。该文件虽未对"合规"概念进行直接的规定，但从其对"合规风险"的定义中可知，其将"合规"界定为"遵循法律、监管规定、规则、自律性组织制定的有关准则，以及适用银行自身业务活动的行为准则"。

邢娟就国际金融组织对合规的定义进行了归纳，大致有三种定义：使公司经营活动与法律、管治及内部规则保持一致（瑞士银行家协会）；与目标连用，具体指必须致力于遵守企业主体所适用的法律法规（COSO）；"代表管理层独立监督核心流程和相关政策和流程，确保银行在形式和精神上遵守行业特定法律法规，维护银行声誉"（荷兰银行）。

在我国，2006年10月银监会发布的《商业银行合规风险管理指引》指出，商业银行"合规"是指商业银行的经营活动与适用于银行业经营活动的法律、行政法规、部门规章及其他规范性文件、经营规则、自律性组织的行为准则、行为守则和职业操守相一致。2007年9月7日,保监会发布的《保险公司合规管理指引》中提道:"本指引所称的合规是指保险公司及其员工和营销员的保险经营管理行为应当符合法律法规、监管机构规定、行业自律规则、公司内部管理制度以及诚实守信的道德准则。"可见,对于"合规"一词,其中的"合"多解释为遵循、符合、保持一致,并无异议,而对"规"的界定,即"规"的渊源则有所不同。

对于"合规"的界定主要分为三个层次:国家颁布的法律与政令;企业自身制定的共同体规则、协定;自由市场所要求的一般性行为规范,如诚实信用、职业道德等。

二、合规理论体系

其一,合同连接体理论与合规。

公司治理就是一组合同,而公司治理结构则是实现各合同之间的平衡。公司合同的设立目的在于控制代理成本。契约理论强调的是合作的重要性,强调交易的长期性。从合规的本身的含义来看,其要求公司在运营过程中遵守法律、法规。

其二,合规与企业社会责任。

20世纪80年代以来,随着人权运动、劳工运动、消费者运动、环保运动的高涨,企业社会责任(Corporate Social Responsibility,简称CSR)运动逐渐呈现全球化的趋势。我国2005年修订的《中华人民共和国公司法》,更是将企业社会责任明确纳入其中,在总则第5条第1款规定:"公司从事经营活动,必须遵守法律、行政法规，遵守社会公德、商业道德，诚实守信，接受政府和社会公众的监督，承担社会责任。"

三、合规管理与法务管理的区别

合规管理与法务管理的第一个区别是：虽然都叫"管理"，但合规是货真价实的纯管理，几乎不存在服务和支持职责，而法务既是管理，又是服务和支持。对一项业务的法律风险控制，法务要基于服务和支持的理念进行管理，因此，当法务认为这项业务的法律风险控制已达到合格标准但又不尽如人意时，很有可能一方面会表示"同意"开展这项业务，另一方面又提出一大堆有助于使法律风险控制达到优良标准的建议。很多人会因此指责法务："你到底是同意还是不同意啊？"也有人会要求（有时是要挟）法务："你把建议收回去吧！这些都没啥大不了的，业务开展起来要紧，不要因为这些鸡毛蒜皮的事情妨碍了业务啊！"这些指责和要求到底有没有道理呢？这个问题先放一放，我们接着聊合规在这个时候要做什么。合规首先要判断业务的法律风险控制是否已达到合格标准，如果认为不合格，就必须明确表示"不同意"。在这点上，合规与法务的职责其实是完全重叠的。但如果认为合格，合规是不应去提完善性的建议的，表示"同意"就可以了。那合规管理岂不是太简单了？

合规管理与法务管理的第二个区别是：合规拥有检查、监督、处罚等权力，法务则没有。如果业务部门偷偷地去开展未经审批或审批不通过的业务，或者做业务的过程中以权谋私，合规是要抡起大棒打下去的，但法务没有这个权力。另外，对法务提出的完善性建议，如果业务部门因为私心、偷懒、判断严重失误等不可原谅的原因而不执行的，也应当纳入合规检查、监督、处罚的范围，但业务部门有权自行基于合理的判断而善意决定不执行法务提出的完善性建议（这就顺便回答了刚才那个暂时放一放的问题）。

合规管理与法务管理的第二个区别是：合规管理的关注点不局限于法律，诸如内控制度、决策程序、业务流程等，都是合规管理的关注点。因此合规管理人员中有法律背景的只需要一小部分，其他业务背景的，如IT背景、审计背景等，反正各种各样的最好都有一些，都用得上。

换个维度总结一下。合规是管理型的，其对法律风险控制的判断标准是合格标准，是一种底线思维；法务是服务型的，其对法律风险控制的判断标准是优良标准，是否采纳由业务部门在充分听取并理解法务意见的基础上，基于对实际情况的通盘考虑，自行做出合理判断并承担判断失误的风险；业务部门可以就自己的判断是否合理进一步征求法务意见，但无须取得法务同意。合规拥有广泛的权利，会关注法律以外的很多因素。

四、企业为什么需要合规管理

在中国有句古话叫"中医治未病"，意思就是"养生为首，未病先防，既病防变"，换句话说就是要做到未雨绸缪、防患于未然、防微杜渐。企业搭建了合规体系，就像我们每个人如果重养生、勤锻炼，才能更容易拥有健康身体，抵御内外有害健康的危险因素。

一是合规使企业可持续发展。企业制度是一个动态的范畴，它是随着商品经济的发展而不断创新和演进的。在不同的市场特点和技术发展的条件下，企业制度呈现出不同的特点。现代企业作为企业的先进组织形式，是在社会生产力的进一步发展、企业的技术装备不断现代化的条件下产生和发展起来的，它是相对于传统企业而言的。

二是法律和制度的约束，企业合规管理关注企业的运营符合法律规定，这正是企业社会责任的底线，是企业的社会责任对企业的合规管理提出的最基本的要求；而合规管理关注的企业行为合乎商业伦理和社会道德则是企业社会责任得以实现的途径和保障。企业社会责任的保障有法律规制和企业的合规管理的两条途径。前者是通过具有法律强制约束力的"硬法"来调整，天然具有命令和控制的色彩，是法律框架下对企业提出的最低限度的社会责任标准；而后者是通过企业自主的合规管理约束自身的行为，其所提出的要求是高于法律的，不仅仅局限于法律框架下，还包括商业伦理和社会道德，这正是社会所期待和提倡的规范。可见，企业自身的合规管理为企业社会责任提出了更高的标准和要求，同时也是企业社会责任得以真正落实的有力保障。没有合规管理支持的企业社会责任是不具有说服力的，他只能是企业的作秀和表演；离开了合规管理的企业社会责任无疑只能是一纸空谈。

三是国际组织积极推动合规管理。近年来，全球强化合规管理的趋势日渐明显，联合国、经济合作与发展组织（OECD）、世界银行等国际组织以及各国政府都在全球范围内不断倡导企业加强合规管理。

四是全球企业合规反腐发展新趋势的要求。2008年的金融危机促使人们对传统的经济发展模式进行反思，正是过于宽松的外部规制,纵容了金融机构的逐利性动机,直接导致了此次金融危机的发生。由于人们普遍认为,金融危机正是金融业不合规经营造成的恶果,所以,金融危机以后,加强合规管理的呼声日益增强,而且对合规经营的要求不仅仅局限于金融业,而是扩大到各行各业。2010年2月,经济合作与发展组织(OECD)理事会通过了《内控、道德与合规的良好做法指引》,作为实施2009年12月26日通过的《OECD理事会关于进一步打击国际商业交往中贿赂外国官员的建议》的工具。《指引》的内容主要包括12个重点,确保公司内控道德和合规项目的有效性,预防以及侦查海外贿赂。

五是中国合规反腐环境的新变化。中国政府历来反对腐败及贿赂。据中央纪委统计,改革开放以来,截至2008年,全国省(部)级以上机关先后制定党风廉政方面的法律法规及其他规范性文件3000多项。此外,中国各地区、各部门也依据宪法和国家法律,制定了与反腐败相关的地方性法规、地方政府规章和部门规章,进而逐步形成中国的反腐败和廉政建设法律法规制度体系。

五、企业合规管理的四个相关要素

企业合规管理的四个相关要素:

第一,合规部门在企业的设立、地位、职责、权利和义务。

第二,应由一个主要领导全面负责协调企业的合规管理。

第三,合规部门为履行职责,应能够掌握公司的生产经营情况,获取必需的信息,并能共享相关的信息。

第四,建立健全合规制度和体系,形成健全有效的合规运行机制,同时有一整套的管控机制配合。

六、企业合规管控机制

从以下几个方面建立企业合规管控机制：

第一，有一个全面系统的合规体系，是管控机制的基础，涉及各个专业、各个部门。

第二，建立完善的培训机制，提高认识。

第三，实行严格的考核机制，将合规管理纳入公司的考核体系，并占有相当的分量，甚至有一票否决权。

第四，拥有完善通畅的举报机制，及时发现问题，纠正不合规的问题。

第五，合规从高层做起，领导带头，全员行动。管理高层应当在整个企业中做出表率，设定鼓励合规的基调。只有管理者恪守公司的核心价值观，坚守公司合规管理体系的要求，并持续不断、毫不动摇地将合规纳入核心管理目标之中，才能形成不仅具有执行力，而且值得依靠并深获员工信任的企业环境。

第六，发布合规报告，强化监督。近年来，许多全球公司都开始撰写和发布合规反腐报告，并以此强化企业合规经营。2009年，联合国全球契约组织对2008年进入财富杂志全球500大公司排名的500家企业的合规反腐报告情况进行了整理、归纳。根据这次研究梳理的结果，当年全球500大公司中，约有75%的企业发布了合规反腐的报告。

七、全球公司合规管理的趋势

全球公司合规管理的趋势有以下几方面：

一是现代企业合规管理从被动应对转变为主动管控。合规管理不再仅仅是应付外部监管的需要，而是企业自身业务发展的需要。企业通过合规管理，有助于降低其因违法违规而受到法律制裁或监管处罚的可能性，相应避免或控制企业财产或声誉受损的不利后果。越来越多的企业认识到合规管理不仅有助于企业防范风险，更有利于企业可持续发展，即合规创造价值。企业合规管理正逐渐从消极、被动地应付转变为积极、主动地将之用于业务发展。

二是合规要求越来越高，随着企业的经营活动日益受到许多规则的约束和监督，企业需要遵循的法律、规则和准则越来越广泛，不仅包括法律、行政法规、部门规章，还包括监管机构发布的相关指引和其他规范性文件、市场交易规则、自律性组织制定的相关标准和行为准则，既涉及具有法律约束力的文件，也涉及更加广义的诚实守信、以应对风险为核心的合规管理以及已经不能满足企业的要求道德行为操守。

企业走向国际市场在越来越激烈的竞争中，业务和产品越来越综合化，交易国际化，其对合规风险管理的要求也越来越高。在当前单边主义、贸易保护主义抬头的背景下，以合规为名对企业进行国际监管更趋严格，特别是近年来，美国在全球范围内频繁挑起贸易摩擦，强拆国际贸易规则之"桥"，筑起保护主义的围墙。一些国家为保护国内企业而加强了安全审查和反垄断制度。自2018年年初以来，美国先后发布十批次涉及200多家中国企业的实体清单。企业"走出去"面临的国际环境更严峻复杂。

三是现代企业将合规管理从管理手段上升为文化理念。好的合规管理制度需要具体的人来执行，再好的制度设计总是有漏洞的，企业建立一个良好的合规文化、形成合规运作的氛围才是最重要的。有效的企业管理，其目的是保证企业健康持续的发展，不仅要求企业内部具有清晰的管控制度和流程，以及相应的责任制和激励约束机制，而且要依靠员工的职业道德、诚信正直的个人品行以及良好的风险意识，才能形成自觉自愿的合规行为的氛围。

四是建立专门的合规管理队伍。由于全球公司经营活动的复杂性，许多大公司都设置独立的合规部门和首席合规官。尤其是2008年在金融危机以后，跨国公司为了更好地推进在中国的合规管理，纷纷在中国设立首席合规官，由其全面负责协调公司的合规管理工作，这也凸显了跨国公司在中国强化合规管理的决心。目前全球公司的全职合规员越来越多，而过去大多是兼职人员。这种模式的优点就是合规管理的实施力度较强，有利于从各个层面保证企业运营的合规。但这种模式会导致公司运营成本的增加，且由于专职的合规官大多是出自法律部门，更善于从法律的角度判断相关事务，而这样可能会与业务部门的做事方式相冲突，导致业务难以实施完成。

八、西门子公司的合规管理经验

2008年底，西门子公司与美国和德国有关部门以14亿美元的代价取得和解，创造了美国实施《反海外腐败法》有史以来因商业贿赂赔付的最高纪录，给全球企业合规管理的发展带来了巨大的影响。金融危机以后，全球监管环境日渐严格。

西门子现行的合规体系建立于2007年至2008年间，最初只是应对由慕尼黑公共检查机构、美国证券交易委员会、美国司法部和许多其他政府调查机构发起的刑事调查。这些外部调查和美国德普律师事务所在 2007 年 1 月至 2009 年 1 月对西门子展开的独立内部调查，均显示西门子多个业务部门和区域公司在过去的数年间存在违反反腐败法和会计规则的行为，美国政府在 2008 年 12 月 15 日呈交给终审法庭的文件中也详细地描述了西门子的上述违规行为。在这一事件发生后，西门子公司主动发起针对自身过去不当行为的调查，同时与公共机构和政府当局充分合作，在不到两年时间内就建立起全面细致的新合规系统并在全球范围内推广。

西门子合规管理体系：防范、监察、应对及持续改进。

合规管理理念：只有廉洁的业务才是西门子的业务。

1. 西门子合规体系的四大目标

2011 年，西门子明确定义了合规体系发展的 4 个重点领域，即"四大目标"，为其相关项目的开展和措施的完善提供指引。这四大目标具体是：

（1）巩固业务诚信，促进市场公平。即强化业务部门管理人员的合规责任，具体通过开展联合行动和西门子廉洁行动项目在市场上持续推行负责任的业务活动。

（2）发挥合规作用，全力支持业务。即发挥合规体系的竞争优势作用，支持可持续业务的增长。

（3）推动风险管控，确保业务合规。即持续完善合规风险管理，从而为业务部门提供可靠的合规保证。

（4）加强业务合作，注重合规实效。即着重优化合规流程，提高合规运行和协作的效率。

在目标明确的基础上，西门子公司构建了以防范—监察—应对为三大基石的合规体系，同时构建了"直线型"的合规组织来承担合规方面的工作。

2. "直线型"合规组织的构造及角色定位

在 2007 年初，公司总部的少数法律专家与来自各个业务部门和地区的约 60 名合规官共同组成了西门子合规组织。在"直线"型的合规组织的构造中，首席合规官负责西门子公司合规风险分析、合规业务绩效、职位设置和薪酬相关等决策，并向公司管理委员会和监事会汇报工作。世界各地的合规官最终都向首席合规官汇报工作。所有合规官都根据其所负责的范围（职能部门、业务集团和区域）有着明确的岗位职责描述。区域合规官领导西门子集团内的各个区域合规组织。

另外合规组织中设有合规法律部、合规调查部、合规整治及风险防范部。这些部门负责处理与可能的违规案件有关的整个过程，从收到指控开始，包括相关调查、涉及劳动法的诉讼，必要的补救措施以及任何可能发生的相关法律诉讼。

西门子合规体系的关键因素是西门子所有管理人员的合规职责。这种管理层的责任已经超越了管理人员的榜样作用：所有管理人员必须以身作则践行合规，确保在他们职责范围内的业务决策和行动完全符合相关法律规定和西门子价值观以及行为准则的要求。

3. 西门子合规体系三大基石

第一，防范。

一个成功的合规体系，其核心要素在于透彻地分析业务运行，从而能够及时识别合规风险并引入恰当的措施降低风险。所谓防范,正是对合规风险的管理。

总的来说,其防范体系是从合规风险管理、制定政策和流程、培训和其他沟通方式、建议与支持、与人事流程相结合、联合行动和廉洁行动项目六个方面具体展开,并取得了良好的效果。

第二,监察。

为了能够及时发现任何违规行为,西门子为内部和外部举报者提供了多种举报渠道(whistle-blowing channels),包括"TellUs"合规帮助台、全球特派调查官以及会计投诉等等。

为了提高合规体系的效率,西门子公司建立了一个涵盖反腐败和反垄断控制的合规控制框架(Compliance Control Framework)。所有的管理人员都被要求在其职责范围内持续监控业务运行。在这个过程中,公司会随机抽取某些项目进行合规检查,确定这些项目在执行过程中是否符合反垄断法和反腐败法的规定。

西门子公司的合规监察主要从举报渠道、合规调查、合规控制、监控与合规审查、合规审计五个方面入手,坚持流程的规范性与科学性,来保障合规管理的效果。

第三,应对。

企业法务管理包括方方面面,尤其是合规管理,各方面的基础工作都做了,但也不能保证万无一失。尤其是企业外部环境的变化导致风险猝不及防,在市场交往中,外部企业的侵权防不胜防,必须随时做好应对,处理好各方面的风险。

九、我国国有企业合规管理的差距

国有企业在合规管理上虽然形成了一套制度机制,但是与国际上做得好的跨国公司相比仍然存在差距：一是企业的合规制度体系建设还有待完善。根据 2011 年研究所对全球 500 大跨国公司中的 21 个公司的实地综合调研结果，跨国公司的合规制度一般包括三个层面：（1）合规的大政方针，这一般体现在跨国公司内部的《商业行为守则》中。（2）合规内控制度体系不健全，如商业行为的举报及处理、与政府合作、与社区协作、环境与管理、行贿与贿赂、礼物与招待、竞争与反垄断、供应商关系维护、内部交易、知识产权等合规问题的一系列制度。（3）合规重点领域的专门制度不全面，如政府关系、客户关系、利益冲突和政治捐助等。二是合规制度执行的配套机制也有待完善。为了确保合规政策在各方面得以遵守和执行，企业需要为合规管理建立完善的配套执行机制，主要包括合规信息管理，如合规信息的咨询、报告、检举、记录评估和建议等；合规人事管理，如人员的合规培训及绩效评估等；合规财务管理；合规审计管理；合规供应链管理。三是尚未建立独立的合规管理部门。目前，许多国有企业通过整合系统的监督资源，构建了比较全方位的监督体系，但是建立专门的合规管理部门的国有企业仍然比较少。

十、我国民营企业的合规管理现状

民营经济迅猛发展，已经成为中国企业的重要组成部分。中国民营企业的发展呈现两个极端，只有极少数发展成为经营国际业务的大公司，与欧美市场接轨，认识高、投入大、合规官级别高，人员配备到位，且素质也较高，制度严密、执行很好，远超过国有企业。

当前我国民营经济实体非常多,但是这些企业大多数寿命很短。民营企业经营不善、存续期短,一个重要的因素就是企业对合规经营的重要性认识不够,使得企业更热衷于钻空子、走捷径。巨大的市场诱惑让企业管理者有为短期利润而牺牲长远利益铤而走险的冲动。另外,中国市场的自身特性以及高速成长、高速变化的节奏对丁民营企业来讲都是巨大的挑战。

十一、中国企业面临的合规风险

为了更好地参与全球竞争,越来越多的中国企业开始顺应经济全球化潮流,积极拓展海外业务,促进企业的全球化发展。而一旦走出去,中国企业将面临更大的合规风险。随着对外投资增加,我国企业在海外面临的合规问题越来越突出,合规风险正在逼近。2011年4月以来,中国在美国上市的几十家企业更是集体遭遇到可能因被竞争对手抹黑而上黑名单。但是,我们应当从中得到警示,在海外投资和经营过程中,企业必须强化合规风险管理,反对任何形式的商业腐败。综合上述几个方面的情况,我们不难看到,近年来无论外资企业、国有企业还是民营企业,也无论在国内经营的企业还是走出去的企业,中国企业在合规反腐方面面临着严峻的挑战。对此,我们应当高度重视,积极研究如何应对。

十二、中国企业合规管理的特点

有人概括企业管理的三大支柱分别是财务管理、业务管理、合规管理,其中合规管理是确保所有决策、经营、管理行为符合法律法规的规范,不违背基本的社会伦理道德的一项重要企业管理。

笔者认为，中国的国企有四大支柱，其中党的领导是最重要的支柱，这是中国与其他国家不同的地方，也是中国合规管理的特色，理由如下：

首先，国企是在党领导下实行特色法人治理结构，有政治经济和社会责任，必须贯彻党的方针政策。

其次，国外企业的合规，指的是符合法律法规和企业制度两大项，中国的国企，除这两项外，很重要的一项是遵守党的纪律规定。

最后，国企的合规部门，组织部门、纪检监察部门、宣传部门也是合规管理、组织、宣传、调查、处理的重要部门。

中国企业内部各部门的合规管理的侧重点有所不同，法务部门侧重于法律，内控部门侧重于制度，纪检监察部门侧重于党纪，业务部门侧重于自己管理的具体工作。

中国国企的合规管理，既要吸收国外企业的优点和好的经验，又要走自己的特色道路。

十三、中国企业合规管理的途径

一是坚持党的领导是合规的政治保证。坚持党的领导，充分发挥党组织政治核心作用，是我国国有企业的重大特色和独特优势。确立企业党组织在公司治理结构中的政治核心地位，构建确保党组织充分发挥政治核心作用的公司合规运行机制，是中国特色现代国有企业制度的鲜明特征和本质要求。

二是内部控制与合规的结合。在适应综合化经营，强化内部控制方面，成立合规管理机构，加强内部控制和合规治理，使"下管一级、监控两级"的治理体制不断完善。

三是强化合规的内涵。其内涵是强化制度约束,实现风险控制,提高制度执行力,建立应急预案。

四是提升总资产净回率、资本利润率、股本收益率,使经营活动实现价值最大化。

五是正确处理合规治理与业务的关系。这些关系包括新产品和新业务的开发,新业务方式的拓展,新客户等,合规部门应评估经营活动中相关的各种关系和合规风险以及这些关系发生变化所产生的合规风险等。

六是正确处理好合规治理与监管良性互动的关系。要通过与地方及企业内部审计、内控、纪检监察等监管部门及企业合规管理部门,互动互通,共同有效防范和控制因未能遵循法律、监管规定、规则、自律性组织制定的有关准则,避免企业不合规活动带来的法律制裁和监管处罚、重大损失或声誉损失的风险。

七是正确处理好合规治理与实现价值相互制衡的关系。合规要与企业生产经营活动紧密结合,有效、科学、创新地工作,使合规治理与实现价值相结合,实现风险最小化、经营效益最大化的目标。

十四、中国企业合规治理的重点

首先,确立合规管理的基本原则。基本原则包括协调性原则、主观性原则、公正性原则、及时性原则、客观性原则、独立性原则、准确性原则、专业性原则。

其次,树立合法理念。企业要进行合规管理,最基础的工作就是要研究国家的法律、法规以及国家政策，避免合规管理因违反国家法律、法规和政策而表面是合规的，其实质却是应当受到国家法律、法规和政策规制的，或者说是不被国家法律、法规和政策所认可的，那样合规就无从谈起了。

再次，建立合规制度。企业进行合规管理要将企业内部的相应合规制度建立起来，只有建立起来相应的合规制度，人们才能遵循合规制度而办事。

最后，确立好的管控机制。做到树立科学的合规工作理念，培育良好的合规文化，准确界定合规治理的范围，科学确定合规治理工作的职责，合理配置合规治理部门的人员，准确把握合规治理工作的切入点，建立合规风险治理长效机制，明确合规治理部门的报告途径，加强信息沟通，健全合规工作机制。

十五、关注反垄断与市场开放竞争性的合规管理

随着中国市场化改革和开放竞争观念的逐步深入，中国《反垄断法》在2008年8月1日实施以来，既来得有些迟，又来得很及时。

《反垄断法》的颁布和实施，标志着我国以反垄断法为核心、《反不正当竞争法》和《制止价格垄断行为暂行规定》等法律法规相配套的市场经济公平竞争秩序的法律调控体系已经基本形成。反垄断法律制度的建立和完善，在很大程度上说明，我国社会主义市场经济法律体系建设进入了一个新的阶段。

《反垄断法》实施以来，我国的反垄断执法工作逐渐进入常态化和精细化阶段，反垄断执法机构进一步拓展执法的广度和深

度,尤其是过去两年中,反垄断执法机构频繁重拳出击,掀起了多个行业领域的反垄断调查风暴,案件数量迅速增加,处罚金额屡创新高,案件影响力日益扩大。

反垄断执法专业性、技术性强,案件大多涉及复杂的经济和法律问题,执法对象往往是具有一定市场占有率的大企业,这些都对反垄断执法提出了更高的要求。通常而言,反垄断执法具有一定的特殊性,从垄断行为的发现、调查、取证、案件处理等,相比其他的行政执法更为困难和复杂,因此近年来,反垄断执法机构更加频繁地采用突击检查。面对反垄断执法的新常态,任何企业都应重视并严格遵守《反垄断法》,建立和完善企业内部的反垄断合规体系,必要时聘请反垄断专业人士协助进行全面反垄断风险排查和评估等。

目前,我国央企在国家有关部门的指导下,法律顾问机构建设和总法律顾问到位率取到长足的发展,但是都忽视了一个非常大的问题,如何处理好国有企业的行业垄断和市场开放竞争之间的关系,是一个经济学的大课题,也是一个比较棘手的法务问题。

为何要关注反垄断与市场开放竞争性的合规管理,原因有四个:

一是国际间常用的反垄断和反倾销加剧了贸易摩擦,事关企业生死存亡。根据WTO发布的反倾销报告,中国成为1995年至2006年遭受反倾销调查最多国家,累计为536件。对中国产品发起反倾销调查最多的是印度、欧盟、美国。化工产品、塑料及制品、橡胶及制品分列反倾销产品前列,这对公司下游市场的开拓构成制约。以关注公民健康、环境保护和产品安全为核心的技术贸易壁垒,成为保护所在地企业和产业利益的重要屏障。例如,2006

年6月欧盟《关于化学品注册、评估、许可和限制法案》(REACH法规)正式生效,该法要求所有化工及其下游制品都必须纳入注册、评估、许可三个管理监控系统中,进行注册并被许可后,才能在欧盟市场流通。化学品公司对此应统筹安排、积极应对。知识产权制高点的争夺直接制约着公司的国际化步伐。集团公司近年在引进国外的物探、炼化技术装备等方面,对知识产权的重要性有很多经验和体会。根据欧洲世界专利数据库统计,2000—2005年在世界各国申请的专利,EXXON为9477件,壳牌为7339件,斯伦贝谢为6833件。据同期不完全统计,中国石化为1692件,中国石油为1356件。随着公司国际化范围的不断扩大,在勘探开发、炼油化工、装备制造、工程技术服务、国际商标注册等各方面,面临的知识产权法律风险将越来越高,需要高度重视,切实提高综合竞争能力。

二是打破垄断的呼声高涨。在经济体制改革的强力推动下,我国经济迅速起飞,不仅国有资本成倍大幅度增长,各种民间资本和居民储蓄存款也大量增加。2012年,我国的私营企业已达上千万户,注册资金30多万亿元;民间固定资产投资占全社会固定资产投资(37.5万亿元)的比例达到61.3%;而到2013年8月,居民储蓄余额已达44万亿元,其中定期存款额超过27万亿元。民营企业,它们主要集中在传统制造业,更具体来说就是附加值非常低的加工贸易。根据和讯网和数字100在2012年联合发布的中国民营企业调查报告,我们的民营企业总数已经超过了840万家,占全国企业总数的87.4%,对GDP的贡献率已超过60%。但在2008年之后,我们的民营企业在外有欧美贸易打击、内有营商成本高企的情况下,纷纷撤出制造业。2005年2月25日,《国务院关于鼓励支持和引导个体私营等非公有制经济发展的若干意见》(简称"非公经济36条")颁布,这是中华人民共和国成立以来首部以促进非公有制经济发展为主题的中央政府指导性文件。文件第二条:允许非公有资本进入垄断行业和领域。加快垄断行业改革,在电力、电信、铁路、民航、石油等行业和领域,进一步引入市场竞争机制。

三是发展混合所有制经济的新政策。党的十八届三中全会通过的《中共中央关于全面深化改革若干重大问题的决定》提出,"要积极发展混合所有制经济",并明确定位"国有资本、集体资本、非公有资本等交叉持股、相互融合的混合所有制经济,是基本经济制度的重要实现形式"。

四是市场化资源配置的要求。当前国有企业大多是航空母舰,注册资金数额高、员工多、准入门槛高、行业垄断性强,企业内部管理层级较多,包含了集团公司、子公司、分公司,甚至出现了分公司又下设厂处车间层级,拖斗附带多种经营的法人实体,导致了企业门类齐全、主体庞杂、五脏俱全,形成了内部的封闭垄断,大而全、小而全,企业办学校,医疗、卫生、体育办生活服务,甚至形成自己的交通、网络、通信系统。

在大而全的体系中,封闭市场限制外来的社会资源,如在对招标主体认识上产生的误区,按照国家法律规定,采购人依法能够自行建设生产或者提供的可以不招标。国企拖家带口,存在上下隶属的封闭经营,投资相互渗透的利益输送,利害关系的控股公司、参股公司、托管企业,甚至多种经营的法人实体之间的关联交易,上述的这些关联主体、投资、经营关系都可以纳入自行建设采购的范围之内,因此形成了企业内部的生产服务承包的链条，导致企业内部所有的工程采购服务都在内部解决，不向外发标，不公开招标，违反了法律规定。

另外，目前大部分企业已经上市，非主营业务与存续业务是个拖斗，企业上市后签订的关联交易总协议向证监会做出承诺，在一定期限内逐步退出关联交易的市场，在实际运行当中绝大多数企业违背承诺，依然依靠过去的生产组织体系继续进行封闭交易，既违背了关联交易总协议，又违背了上市监管的承诺，损害了中小股东的利益，引发股东诉讼，存在一定的法律风险。

对企业性质和行业认识上的误区，阻碍改革的步伐和市场开放的进程。国有企业承担着关乎国计民生的基础产业和国家能源保障项目，在市场准入、企业资质、营业范围以及行业的发展方面，享受国家的保护性政策，具有自然垄断、行政垄断、市场竞争垄断的优势地位，因此，部分国有企业以行业特殊、企业规模大等理由脱离市场竞争。事实上，国有企业所涉及的领域具有一定的特殊性，但是国有企业涉及的生产经营服务等环节不具备垄断性。比如石油企业，从总体行业来讲，是国家下属的垄断公司，但从生产、经营、销售、分配的环节来讲，不具有垄断性，如石油开采的上游环节，可以分为物探、钻井、测井、录井、固井、试油、压裂、修井等技术服务以及管道输出、维护地面工程等项目，每一个环节不具有垄断性，而每一个环节又构成多个元素，采购、施工、服务更不具有垄断性，单向的某一个环节的多个元素就可以由市场主导配置资源，面向社会，通过竞争机制，优胜劣汰，实现社会资源经济效益的最大化。

针对以上几个方面的问题，如何顺应市场化改革导向的需要，也是新时期国家转变管理职能及方式在国企垄断领域的创新。针对日益开放、经济快速发展的中国,一方面扩大开放、引入竞争,通过建立和完善竞争性市场来求发展;另一方面建立现代企业制度和现代行业监管体制,通过国有企业的公司化改造和转变政府管理经济的职能及方式,为垄断行业的发展注入制度活力。想要保持一个适度开放、有序竞争的行业市场,法律顶层设计就显得非常必要。这是未来总法律顾问,必须面临、思考和去积极应对的课题。

第十二章 合同管理

合同在经济活动中的重要性是毋庸置疑的，合同管理是企业管理的一项重要内容。合同是现代企业市场经营的主要体现形式，是现代经济社会中经济活动的重要依据，对于企业的经济活动有着举足轻重的作用。因此，企业的合同管理工作是企业管理工作的重要内容。合同管理有被动静态的管理模式，也有主动动态的管理模式。

西方谚语说："财富的一半来自合同。"合同是企业从事经济活动取得经济效益的桥梁和纽带，同时也是产生纠纷的根源。企业合同管理作为企业管理的重要内容，防范合同风险，运用法律手段来管理好企业，是企业运营管理的关键。

一、概述

合同在我国的发展可谓是源远流长，最早有合同方面的文字记录始于西周时期"傅别""质剂"和"书契"等。在经济发展较为缓慢的古代已经存在合同管理，唐代有供人们立契参考之用的合同"样文"。

合同是当事人订立、履行、变更、解除、转让、终止的行为。合同是随着市场经济的发展而产生的，并作为连接现代企业与其他市场经济主体的纽带,贯穿于企业生产经营的全过程,是企业实现生产销售、追求利润、实现利益的重要手段。

合同从订立到履行的每个阶段,都处于风险与利益并存的状态,实现合同利益,国家有关部门就必须从法律和政策层面进行指导、管控、协调和处理,企业就必须对合同进行从订立到履行终结全方位、全过程的有效管理。

合同管理是指各级政府工商行政管理机关、建设行政主管机关和金融机构,以及工程发包单位、建设监理单位、承包企业依据法律和行政法规、规章制度,采取法律的、行政的手段,对合同关系进行组织、指导、协调及监督,保护合同当事人的合法权益,处理合同纠纷,防止和制裁违法行为,保证合同顺利贯彻实施等一系列活动。

二、建立合同管理的制度

企业合同管理是签订、审查、控制、归档、测评的过程。

为了实现企业之间正常的商业交易,必须使合同管理规范化、科学化、标准化、法律化,首先要从完善制度入手,建立合同管理的完善体系,实现对合同的全过程管理。

合同管理是全过程的、全方位的、系统性的、动态性的,应当建立合同管理的制度。合同管理包括七个方面的具体内容:合同签订管理、合同审核管理、合同履行管理、合同变更管理、合同结算管理、合同档案管理、合同信息化管理等。

三、建立合同有效的管控机制

合同管理的目的：一是有利于促进社会主义经济的健康发展；二是有利于当事人树立法制观念，运用法律手段维护自身合法权益；三是有利于促进企业自身管理水平的提高，增创企业的经济效益。

合同是一个多元素的法律和商业结合的交易手段，涉及企业的生产、经营、销售和分配，渗透到企业各个部门，其管理制度和程序也必然是复杂化的，涉及方方面面。

从制度角度讲，有统一管理、授权管理及分散管理。

从管理的部门来讲，有分级负责、专业把关、部门实施、全员参与。

从合同签订的过程来讲，有合同订立、履行、变更、解除、转让、终止以及审查、控制、归档、测评等，以及合同示范文本管理，合同专用章管理，合同履行与纠纷预警和处理，合同定期统计与考核检查。

从合同的审查审批审核来讲，有决策机构、审核部门、档案部门，形成机构、人员、制度结合的管理体系。

从合同管理主要环节来讲，有合同的归口管理，合同的订立、履行、变更、解除、转让、终止及审查。

从合同管理的保障和风险防范角度来讲，有合同管理人员培训，合同管理奖惩与挂钩考核。企业通过建立合同管理制度，做到管理层次清楚、职责明确、业务部门有序规范，履行、考核、纠纷处理都处于有效的控制状态下。

四、采用先进的合同管理方式

合同管理的方式有很多,如统一管理和分散管理、授权签订、标准化管理、信息化系统管理等,方式多种多样。采用哪种管理方式主要是由企业所在国的政治法律环境以及企业自身的规模和文化所决定的。

一般来讲,其主要方式是:一是做好合同管理的体系和制度建设,制定出完善可行的合同管理架构图;二是科学的方法,如建立合同信息系统,包括合同的评审会签制度、合同交底制度、合同文件资料归档保管制度等;三是新方法,借鉴国际先进经验,加速建立和完善符合市场经济需求的新的合同示范文本;四是推行合同的招投标制度;五是专业的人干专业的事,推行合同管理人员持证上岗制度。

五、完善合同管理的体系

合同管理的体系一般实行统一管理、授权管理和集中管理相结合的体制,坚持"统一制度、分类审查、归口把关、各负其责"的原则。

统一管理是指统一制度、统一流程、统一标准。

授权管理分为普通授权和特别授权。企业应建立分级授权签字制度,包括:企业重大经济合同应该由企业的法定代表人代表本企业签订合同,其他合同可以是企业法定代表人授权他人签字。根据金额、付款方式及期限的不同,制订分级授权签字制度。

"分类审查"指合同按业务性质进行分类,由相关职能部门负责业务审查；

"归口把关"指合同归口到造价、安全环保、法律事务等部门进行价款、HSE 要求、法律内容审查把关。

"各负其责"指合同的承办、业务审查、归口管理部门对合同业务分别把关并承担相应责任，明确合同主管部门的职责。企业必须有一个部门负责合同综合管理，制定合同管理制度和审查流程，建立合同管理信息系统，划分合同签订权限和管理级别，指导、协调、监督、考核各单位合同管理工作，培训合同管理人员，审定签约人员，统一管理合同专用章；参与合同订立管理，参加项目论证和合同谈判。负责合同审批管理及信息录入；负责审查审批合同的后续管理，即办理补充合同、合同变更、合同中止和终止手续；参与合同结算管理，提出验收评价和违约责任处理意见，出具合同履行确认单；负责合同基础管理，建立数据库，做好合同查询跟踪、统计分析、归档备案、资料上报工作。

六、采用信息化管理手段

信息是指客观存在的一切事物通过物质载体发出的信号、消息、情报、数据、图形、指令中所包含的一切有价值的内容，管理信息反映的是管理活动过程和企业或组织的基本情况和特点，管理信息的收集、传递、处理和运用的目的是为了满足管理工作的某种需要。

建立合同信息化管理，运用数据手段，采取量化的方法观察合同的运行状况，以及对他们进行有效的管理和评估。在合同运行过程中将产生大量的信息和分支概念、分支方法、分支行为等，在这些分支下还存在若干子活动、行为、动作，这些繁杂多变的活动产生的数据依靠人的自然记忆是无法整理、分析、调整、结论、储存的，对它必须有一个全面的行之有效的管理方法。这就需要信息化管理。一方面，大数据分析可以为管理提供最有用的信息和明确的问题解决方案，而且，大数据分析不同于简单的统计分析，它更多的是试图用完整的体系来解答合同管理中遇到的各种难题，其中要用到数据、指标、信息及其他量化指标。另一方面，现代企业的管理要求是高度的精确概念、准确的数据判断、及时的信息反馈，企业管理行为需要大家共同认知和认可，所有发出指令、所要求的操作行为都要有依有据，都要及时准确，都要有案可稽，都要有事后的总结和检查、反馈，都要有考评与激励等等，这么多管理的基本要求，都表明管理亟须一种规范、准确、可靠、及时、清晰、具体的运行方式，那就是管理的信息化。

（一）合同管理信息系统建设理念

合理管理信息系统建设理念包括：

（1）"一体化"建设实现集中管理。

（2）"模块化"设计实现全流程管理。

（3）"集成化"系统实现信息共享。

（4）"功能化"设置确保系统性能。

（5）"标准化"提高风险防控水平。

（二）合同管理信息系统应用效果

合同管理信息系统应用效果包括：

（1）实现了合同统一、规范管理。

（2）建立起合同法律风险防控的技术体系。

(3)实现了合同的"阳光管理"。
(4)数据共享为决策提供有效支撑。
(5)合同管理效率和效益明显提高。
(6)现在许多企业都实现了合同信息化管理。

七、合同风险

随着市场经济的发展和企业法律意识的提高,合同已成为企业在生产经营、对外业务往来不可缺少的部分。然而合同虽然是企业从事经济活动取得经济效益的桥梁和纽带,但也是产生纠纷的根源。

一个合同从订立、生效、履行到终止,其中每个环节都存在法律风险,企业一不小心就有可能陷入法律风险当中,引发法律纠纷。

(一)合同订立的外部风险

订立合同的外部风险包括:

一是政策变动带来的合同法律风险。国家政策变动包括金融政策变化、税收政策变化、产业政策变化等。

二是因诚信缺失导致的合同欺诈。合同欺诈的表现方式五花八门,主要表现形式有伪造虚假证件,对自己的真实身份和能力加以隐瞒,利用有些企业对新业务范围的信息缺乏、抓住其急于获得经济利益的心理诱使上当。

三是缺少可行性分析。在签订合同前,不注意另一方的资格、技术条件是否具备,是否有履约能力等,信息缺失,上当受骗。

四是不符合法定程序而导致的合同无效。根据法律规定,招标、投标是订立合同的基本方式。而在招标、投标中有很多不符合法定程序：应当招标的工程而未招标的；招标人泄露标底的；投标人串通作弊、哄抬标价，致使定标困难或无法定标的；招标人与个别投标人恶意串通、内定投标人的；国家重点建设项目及大型建设项目公开招标的，其议标单位少于三家的。这些情况很可能导致合同无效，会带来合同无效的法律风险。

五是违法签订合同，带来法律风险和责任。

（二）合同主体的常见法律风险

合同主体就是在合同法律关系中独立享有民事权利和承担民事义务的人。合同主体是实际承担合同权利义务的民事主体，他是合同权利义务的实际承担者；而签约主体是实际签署合同的人。签约主体一般可分为代理人与代表人。当签约主体为代理人、代表人时，就可能会出现合同无效的法律风险。他只是签署者，合同的权利义务与其无关。

合同主体的常见法律风险包括：

一是合同主体失当，当事人错位，如合同主体不具有法定的资格，合同主体违反法律禁止性规定。

二是签约主体无权代理。

三是签约主体超越代理权限。

四是合同主体为限制行为能力人时的法律风险。

五是合同主体为无权处分人或无完全处分权人时的法律风险。

（三）合同签订过程中常见的合同风险

合同签订过程中，常见的合同风险：

一是对交易对方的资信状况缺少了解。

二是对交易对方是否为适格主体缺乏认识。

三是对担保人的具体情况疏于审查。

四是对抵押财产的状况怠于查验。

五是未及时行使法定抗辩权利。

六是合同缺乏专人管理而超过诉讼时效。

七是对企业印章的使用缺乏规范管理。

八是授权不及时收回,导致被授权人滥用权力。

(四) 合同成立形式的法律风险

企业订立合同,一般有书面形式、口头形式和其他形式三种:

书面形式一般指合同书、信件、电报、电传、传真、电子数据交换及电子邮件等可以有形地表现所载内容的形式。

口头形式是指当事人双方利用对话方式表达相互之间达成的协议。口头形式成立的合同,一旦发生纠纷,对方如否认,而企业又无其他证据证明,则很可能要承担举证不力的法律风险。

其他形式一般指推定形式和默示形式。最高人民法院的《合同法解释二》第二条规定:当事人未以书面形式或者口头形式订立合同,但从双方从事的民事行为能够推定双方有订立合同意愿的,人民法院可以认定是以合同法第十条第一款中的"其他形式"订立的合同。但法律另有规定的除外。《合同法》第三十六条:法律、行政法规规定或者当事人约定采用书面形式订立合同,当事人未采用书面形式但一方已经履行主要义务,对方接受的,该合同成立。这也是对其他形式的一种直接规定。

合同形式的法律风险有以下几种:

一是不签订正式的书面合同的风险。在经济活动中,书面合同是当事人之间约定的重要凭据。但是有的企业对于合同的签订并不重视，口头交易，或仅凭电话或传真以及发货清单进行交易，这埋下了隐患。二是不规范签约，表现为：文字表述不严谨，产生歧义和误解；合同条款不完整，有缺陷、有漏洞。三是口头变更合同后未用书面形式确认。四是合同中所附的期限与合同中所附的条件一样，能够直接限制合同效力的发生或消失。合同一般以当事人签字或者盖章时生效成立，但成立地点为合同签字或盖章的地点或约定时间的附加条件时，需要注意的是，如果合同双方当事人签字或盖章的时间不一致，应以后一方当事人签字或盖章时为成立时间，后一签字或盖章的地点为合同成立地点。但是如果合同中有约定合同成立的地点且与实际签字或盖章的地点不一致，这种情况应如何确定合同成立的地点呢？《合同法解释二》对此做了规定：采用书面形式订立合同，合同约定的签订地与实际签字或者盖章地点不符的，人民法院应当认定约定的签订地为合同签订地。

八、企业合同法律风险防范

（一）审查主体

首先审查合同主体，方式为：一是审查对方当事人的情况，若对方当事人为自然人，审查主要针对当事人是否具有完全民事行为能力。若双方当事人为法人，包括企业、事业单位、机关、社团等，需要审查其企业法人营业执照。二是调查合同主体履约能力，要对相对方的资信情况、商业信誉、历史履约情况进行了解，主要包括：企业的性质；企业的产品处在市场的哪个阶段，产品是处于初期阶段、成熟阶段还是衰退阶段；企业所在的地区是否有交易方面的传统；企业的人员构成，人员构成指人员的组织结构比例；企业营业额；企业注册资本和净资产。三是调查法定地址及实际经营场所。四是调查银行账户。

其次审查签约主体，如果签约人是法定代表人，企业应要求其出示法定代表人证明书、法定代表人身份证明以及对方企业的营业执照；如为员工代表时，应要求员工提供公司的授权书以及员工个人的身份证明，同时要仔细审查其授权范围及代理期限等。

（二）审查合同成立的要约和承诺

首先，防止要约内容不确定，意思表示不明确。

要约应符合以下规定：（1）内容具体确定；（2）表明经受要约人承诺，要约人即受该意思表示约束。如果要约人要约内容不确定或不详实，让受要约人有空可钻，那么受要约人一旦承诺，合同即为成立。还要防止要约撤回方式不当以及要约撤销不能的例外情况。

其次，承诺的内容应当与要约的内容一致，承诺是受要约人同意要约的意思表示，合同即告成立。防止承诺不被认可，也要注意承诺与反要约的混淆。

（三）合同成立形式的风险防范

前面已经讲过合同形式一般有书面形式、口头形式和其他形式三种，企业在合同谈判后，根据协商谈判结果，拟定合同文本。在合同文本拟定阶段，主要的法律风险点是：

（1）选择不恰当的合同形式。

（2）合同内容与国家法律法规、行业产业政策、企业总体战略目标或特定业务经营目标发生冲突。

（3）合同内容和条款不完整，表述不严谨准确，或存在重大疏漏和欺诈，导致企业合法利益受损。

（4）有意拆分合同，规避合同管理规定。

（5）对于合同文本须报经国家有关主管部门审查或备案的，未履行相应程序。

为了避免以上问题出现，企业在合同拟订阶段，应注意以下几个方面：

（1）企业对外发生经济行为，除及时结清方式外，应当订立书面合同，最好是采用国家标准文本或示范文本合同。

（2）请专业人士，最好是律师或者法律顾问起草合同文本。

（3）合同文本要经过企业的法律部门、业务部门、主管部门和专业部门进行会审。

（四）合同标的风险防控

合同标的是合同法律关系的客体，是合同当事人权利和义务共同指向的对象，是合同成立的必要因素，没有合同标的就不可能成立合同。合同标的可分为物、权利、智力成果、行为等。

一般选择要做到货比三家、质比三家、价比三家，做到标的物本身合法，只有法律允许流转的物才能成为合同的标的，才能为法律所保护。如果标的物是法律所禁止流转的，即使签订了合同也是无效合同，还有可能触犯刑律。

合同标的明确、详致应符合以下要求：

（1）在签订合同时，要使用标的物的学名并且要用全称。

（2）有商标的，要写明商标。

（3）要写明标的品种、规格、花色等。

（4）如是不动产，要写明其坐落位置，写明四至、套式、单元号等。

(5) 写明标的数量确定的方法。

(6) 写明标的质量认定的方法。

(7) 写明标的风险转移的时间。

(8) 其他注意条款。

(五) 合同谈判风险防范

合同谈判是按照自愿、公平的原则，与合同相对方磋商合同内容和条款，明确双方的权利、义务、责任，这是一个各自争取权益的重要环节。主要的法律风险环节是：忽略合同重大问题或在重大问题上做出不当让步；谈判经验不足，缺乏技术、法律和财务知识的支撑，导致企业利益损失；泄露本企业谈判策略，导致企业在谈判中处于不利地位。

为了避免以上问题出现，合同谈判阶段需要注意以下几个方面：

(1) 收集谈判对手资料，充分熟悉谈判对手情况，做到知己知彼；研究国家相关法律法规、行业监管、产业政策、同类产品或服务价格等与谈判内容相关的信息，正确制定本企业谈判策略。

(2) 关注合同核心内容、条款和关键细节，具体包括合同标的的数量、质量或技术标准，合同价格的确定方式与支付方式，履约期限和方式，违约责任和争议的解决方法、合同变更或解除条件等。

(3) 对于影响重大、涉及较高专业技术或法律关系复杂的合同，要组织法律、技术、财会等专业人员参与谈判，充分发挥团队智慧，及时总结谈判过程中的得失，研究确定下一步谈判策略。

(4) 必要时可以聘请外部专家参与相关工作，并充分了解外部专家的专业资质、胜任能力和职业道德情况。

（5）加强保密工作，严格实行责任追究制度。

（6）对谈判过程中的重要事项和参与谈判人员的主要意见，予以记录并妥善保存，作为避免合同舞弊的重要手段和责任追究的依据。

（六）签约程序风险防范

签约程序风险防范包含三个方面的内容：一是要约和承诺，二是法律约定性的规定，三是应当招标的项目要按招投标规定执行。

前两项已经讲过，下面介绍招标签约程序。

根据国家法律法规和相关政策要求，签订合同之前一般要经过招标程序。招标是公开、公平、公正择优选择的过程，要求统一管理、统一标准、统一要求、统一流程。

招标的原则：一是管办分离，即招标管理与招标实施分开，各司其职、各负其责；二是监管分开，即招标监督与招标管理分开，相互监督、相互制衡。

招标程序：业务承接和招标准备、资格预审、招标投标、开标评标和定标、合同签订及后续服务五个阶段。

公开、公平、公正是招标活动的"生命线"，也是择优选择合作伙伴的主要方式。公开：在国家指定的中国采购与招标网等网上发布招标公告、资格预审公告、中标候选人公示、中标结果公告。公平：对所有投标人一视同仁，评分办法公平、评标过程公平。公正：程序规范，标准统一。

竞争是招标的本质，只有通过投标人充分的竞争，评标专家科学、公正地评审，才能实现择优选商，发挥招标机制的优越性，永葆市场活力。

注重过程控制，提升招标管控能力。细节决定成败，过程控制是规范操作的保障，是企业健康发展的"助推器"。抓好每一个过程和细节，将有力促进整体招标工作的规范开展。对于招标管理和监督部门，按照纵向负责、横向监督的要求，进一步明确工作职责，严格事前审查、加强事中监督、注重事后评估，确保招标过程依法合规。在过程控制上，从编写招标方案到发放中标通知书，坚持采用"规定动作"，杜绝"自选动作"。

在监督管理上，法律、纪检、审计部门从制度、标准、流程等层面重点督查，做到招标程序绝对合法，招标结果让人信服。

（七）合同约定不明的补救

根据合同法及相关法律法规的规定，合同生效后，当事人就质量、价款或者报酬、履行地点等内容没有约定或者约定不明确的，可以另订协议补充；不能达成补充协议的，按照合同有关条款或者交易习惯确定。如果无法达成补充协议且无法按照合同相关条款或交易习惯确定的，可根据以下规定执行：质量要求不明确的，按照国家标准、行业标准履行；没有国家标准、行业标准的，按照通常标准或者符合合同目的的特定标准履行；价款或者报酬不明确的，按照订立合同时履行地的市场价格履行；依法应当执行政府定价或者政府指导价的，按照规定履行；履行地点不明确，给付货币的，在接受货币一方所在地履行；交付不动产的，在不动产所在地履行；其他标的，在履行义务一方所在地履行；履行期限不明确的，债务人可以随时履行，债权人也可以随时要求履行，但应当给对方必要的准备时间；履行方式不明确的，按照有利于实现合同目的的方式履行；履行费用的负担不明确的，由履行义务一方负担。

（八）合同履行过程中的风险防范

合同履行阶段，通常有以下风险：履约意识低，签约如过家家，视履约为儿戏；合同生效后，对合同条款未明确约定的事项没有及时签订补充协议，导致合同无法正常履行；企业内部管理人员变更等影响合同执行；市场变化，发生毁约解约；验收异议不及时，处置不妥当；不合理行使不安抗辩权；对方违约没有及时止损。

因此，在合同履行过程中，要及时发现已经或可能导致企业利益受损情况，及时采取有效措施。一是对合同双方的合同履行情况实施有效监控，一旦发现有违约可能或违约行为，应当及时提示风险，并立即采取相应措施将合同违约风险损失降到最低。二是对于合同没有约定或者约定不明确的内容，经双方协商一致后对原有合同进行补充；无法达成补充协议的，按照国家相关法律法规、合同有关条款或者交易习惯确定。三是对于显示不公平、条款有误或存在欺诈行为的合同，以及因政策调整、市场变化等客观因素已经或可能导致企业利益受损的合同，按规定程序及时报告，并经双方协商一致，按照规定权限和程序办理合同变更或解除事宜。四是对方当事人提出终止、转让、解除合同而造成企业经济损失的，应向对方当事人提出书面索赔。五是诉讼时效期间内必须有动作。

九、合同签订

（一）合同签订前做好合同相对人的资信调查

要充分了解合同签订方的企业情况，包括企业的营业执照、企业的性质、企业的经营范围、企业的注册资金，建立信用等级评价、客户登记制度等，应掌握以下情况：一是企业的营业执照、经营范围以及注册资金、实有资本，涉及专营许可的，应提供相应的许可、等级、资质证书，确定企业的合法性。二是生产能力的调查，包括厂房、设备、原材料、生产规模、技术水平、交货能力；经营能力的调查包括经营金额、销售渠道、市场竞争能力的强弱，确定企业的履约能力。三是履约信用，包括经营历史、经营作风、客户的评价，与金融机构和政府间的关系，对方具有相应的履约能力的证明材料、资金证明、注册会计师签署的验资报告等相关文件。还要了解对方履约信用的证明文件，如过去三年与本企业经济往来有无违约事实，是否有涉及重大经济纠纷或重大经济犯罪案件等，确立风险等级。

要确认合同的重要内容和关键环节，应进一步落实以下内容：合同交易事项（标的）、数量、价款、质量要求；支付方式或履行程序（包括时间、地点和履行方式）；合同谈判中已经约定的主要条款或主要事项；合同的背景资料，包括主要邮件、传真、备忘录、会议纪要等；违约责任或救济手段；本次特别关注的风险以及初步解决方案；要确认合同签字人的身份，由对方当事人委托代理人代签合同的，应提交真实、有效的法定代表人身份证明书、授权委托书、代理人身份证明。

（二）合同文本拟定

合同签订前，首先要争取合同文本的起草权。

合同文本一般由业务承办部门起草，合同文本起草完成后，须由合同归口管理部门提交给企业法律顾问或专业社会律师，法律顾问或专业社会律师对合同草案进行审查后提出修改意见，并反馈给合同管理人员。

订立合同应当使用标准合同示范文本，优先使用国家或行业制作的合同示范文本。没有示范文本的，内容由双方约定，一般包括下列条款：

（一）当事人的名称或姓名和住所；

（二）标的；

（三）数量；

（四）质量；

（五）价款或者报酬；

（六）履行期限、地点和方式；

（七）双方权利和义务；

（八）违约责任；

（九）解决争议的方法；

（十）双方约定的其他条款。

十、合同审查审批管理

合同文本拟定完成后，企业应进行严格的审核。

合同审查审批，是指利用检查、核对、分析等方法，就企业合同在订立、履行、变更、解除、转让、终止中存在的法律问题及其他缺陷进行的法律审查。

审核人员虽然通过审核发现问题但未提出恰当的修订意见，或者合同起草人员没有根据审核人员的改进意见修改合同，导致合同中的不当内容和条款未被纠正。

全面审查合同，可防范因合同而产生的各种风险。

（一）合同审查流程

业务部门提交合同审查审批表以及相关材料。合同审查申请表上需要写明合同标的、合同拟签订时间、希望合同审查截止时间、合同承办人、联系方式等信息，并将签订本次合同有关的信息资料附上之后，作为合同审查部门了解合同签订背景进行审查确认的必要文件；公司合同一般由法律部门受理，按相关程序分别送到业务部门、专业部门、分级负责归口部门，进行职能审查；重大合同，则需要报请企业领导并建议召集业务部门、法律部门、审计部门、财务部门等相关部门进行集体会审，法律部门根据会审意见出具法律审查意见。

（二）审查审批的环节

合同审查审批是一个复杂的系统工程，有多部门联合操作。不同的企业以所在国的政治法律环境，不同企业的规模，企业的管理方式不同，会有不同的合同审查审批流程和环节，但一般来讲主要有以下几个方面：

一是 HSE 审查内容：是否有 HSE 条款，是否办理产品准入手续，安全责任划分是否明确，产品或服务质量是否达到要求。

二是造价审查内容：即项目计划、合同价格及相关条款。

三是业务审查内容：合同立项依据是否充分可靠，各种论证材料是否真实、齐全合理，项目是否可行；经济、技术、质量条款约定是否符合有关规定和要求；价款和费用是否合理。

四是合法性审查内容：主体资格、合同内容、签订程序。

（三）合同审查审批的主要内容

合同审查审批的主要内容：

一是严格审核合同需求是否符合国家法律法规、产业政策、企业整体战略目标,保证与其协调一致。

二是考察合同是否以生产经营计划、项目立项书等为依据,确保完成具体业务经营目标。

三是审查合同的合法性、严密性、可行性、经济性、技术性、安全性和程序性等。

合法性:主体合法,签约各方具有签约的权利和履约能力;内容合法,签约各方意思表达真实、有效,无悖法律、法规、政策,无规避法律行为,无显示公平内容;形式合法;签约程序合法。

严密性:条款齐备、完整;文字清楚准确;设定的权利和义务具体、确切;相应手续完备;相关附件完备;附加条件适当、合法。

可行性:资信可靠,有履约能力,整体项目技术具有可靠性,经济效益或社会效益具有真实性;资产、资金使用效果的财务可行性,具有可操作性,担保方式切实、可靠。

经济性:市场需求情况属实,市场需求预测可靠、合理,投入产出核算经济、准确。

技术性:工程技术依据真实、可靠,技术措施完备、可行,技术标准和参数科学、真实、可行。

安全性:涉及的知识产权已采取相应的保护或限制措施,无损本公司商誉、商业秘密及其他利益。

程序性:各审核部门审核意见书齐备,归口管理和授权审批手续完善,合同文本文字无误,正副本及附件份数齐备。合同文本须报经主管部门审查或备案的,应当履行相应程序。

十一、合同履行管理

合同订立后,企业应当与合同双方当事人一起遵循诚实信用原则，根据合同的性质、目的和交易习惯以及履行通知、协助、保密等义务的原则，承办单位应当全面负责履行合同约定，落实质量、数量、进度、工程变更、工期（交货期限）、验收、工程交接、付款等内容，同时应当接受合同主管部门对履约情况的监督检查。

合同文本及有关合同签订、履行、验收、结算付款、变更、终止、转让、补充的文书、电报、传真及图表等都是合同的组成部分，应由本单位合同主管部门、资金结算部门、档案管理部门妥善保管，合同履行终结后及时归档。

在合同履行过程中，企业可以从以下方面加强监督，做好合同履行工作：企业以合同编号或发运单编号为依据，建立履约各环节的监督管理机制。在履约过程中，如业务经办人员发生变动，应向本部门其他人员书面交接工作。企业的对外付款应由财务部门审核，报企业领导批准。企业履约监督部门应对未能履行或未及时履行的经济合同进行督促检查，并及时向企业分管领导汇报。

在合同履行过程中，如果发生合同履行争议，应该妥善解决，并需要注意几个方面的问题：发生合同履行争议后，有关业务部门应及时通报企业法律部门，共同研究案情，分清法律责任，并提出解决办法，报企业总经理或分管副总经理审核后执行。凡经多次协商仍无法解决的有争议的索赔案件，可采取仲裁方式或通过诉讼解决。仲裁和诉讼地点原则上应在我国境内。争议确属企业责任，应予赔付的，应以书面形式与客户确定合理的赔付金额和赔付办法。

十二、合同结算

合同结算是合同执行的重要环节,既是对合同签订的审查,也是对合同执行的监督,一般由财会部门负责办理。

在合同结算阶段,主要存在的法律风险是:违反合同条款,未按合同规定期限、金额或方式付款;疏于管理,未能及时催收到期合同款项;在没有合同依据的情况下盲目付款。

为了避免以上风险,可以从以下方面采取管理控制措施:

(1)财会部门应当在审核合同条款后办理结算业务,按照合同规定付款,及时催收到期欠款。

(2)未按合同条款履约或应签订书面合同而未签订的,财会部门有权拒绝付款,并及时向企业有关负责人报告。

(3)加强合同纠纷管理,在履行合同过程中发生纠纷的,应当依据国家相关法律法规,在规定时效内与对方当事人协商,并按规定权限和程序及时报告。合同纠纷经协商一致的,双方应当签订书面协议;合同纠纷经协商无法解决的,根据合同约定选择仲裁或诉讼方式解决。企业内部授权处理合同纠纷,应当签署授权委托书。纠纷处理过程中,未经授权批准,相关经办人员不得向对方当事人做出实质性答复或承诺。

十三、合同登记

合同登记管理制度体现合同的全过程封闭管理,合同的签署、履行、结算、补充或变更、解除等都需要进行合同登记。合同登记环节的主要风险是:合同档案不全、合同泄密、合同滥用等。

在合同登记方面，企业需要做好以下工作：

（1）合同管理部门应当加强合同登记管理，充分利用信息化手段，定期对合同进行统计、分类和归档，详细登记合同的订立、履行和变更、终结等情况，合同终结应及时办理销号和归档手续，以实行合同的全过程封闭管理。

（2）建立合同文本统一分类和连续编号制度，以防止或及早发现合同文本的遗失。

（3）加强合同信息安全保密工作，未经批准，任何人不得以任何形式泄露合同订立与履行过程中涉及的国家或商业秘密。

（4）规范合同管理人员职责，明确合同流转、借阅和归还的职责权限和审批程序等有关要求。

与合同登记密切联系的是合同档案的管理，合同档案的管理工作要求企业注意以下方面：

（1）企业须建立合同档案，并制订合同档案管理制度。

（2）合同档案应由经办人收集整理、立卷归档，并集中统一管理。

（3）合同档案包括合同执行过程中形成的各种凭证、函电和其他文件材料。

（4）企业应根据合同履行期限、金额、质量、保质期及索赔期等因素，规定不同合同档案的保管期限。短期保管一般为5年以下，长期保管一般为5年以上。

（5）合同档案保管期限届满后，应进行鉴定，由业务部门提出存毁意见，并对准备销毁的文件列出清单，报企业主管领导审批后销毁。销毁清单应永久保存。

十四、合同归档制度

对合同分类管理,将不同的合同按照年度、类别、重要程度分类管理。

建立合同档案,每一份合同都必须按照年度、类型分类编号,不得重复或遗漏。每一份合同包括合同正本、副本及附件,合同文本的签收记录,合同分批履行的情况记录,变更、解除合同的协议(包括文书、电传等),均应妥善保管。另外对重大的合同项目双方履行中往来的全部书面记录;对重要的电子邮件证据,应由公证机关下载保存并打印,制作成公证文书。

建立合同管理台账,各企业应根据合同的不同种类,建立经济合同的分类台账和总台账。每个企业必须设一个总台账。其主要内容包括:序号、合同号、经手人、签约日期、合同标的、价金、对方单位、履行情况及备注等。

建立合同保管的期限制度,合同的原件保管是非常重要的,这不但是履行合同的必要条件,更是保证自己权益最直接最有力的原始证据。一般合同应至少保存自合同履行完毕之日起2年。

十五、合同评审

合同作为企业承担独立民事责任、履行权利义务的重要依据,是企业管理活动的重要痕迹,也是企业风险管理的主要载体,为此,合同内部控制管理强调企业应当建立合同管理的后评估制度。企业应当建立合同履行情况评估制度,至少于每年年末对合同履行的总体情况和重大合同履行的具体情况进行分析评估,对分析评估中发现合同履行中存在的不足，应当及时加以改进。

在合同评审方面，企业应注意以下方面：

企业应当对合同履行的总体情况进行分析评估，对履行中存在的不足及时改进和汇报。分析评估贯穿于合同的签订、履行，不能忽略任何一个环节。

企业应成立由企业领导及有关部门负责人组成的合同评审小组，依据企业有关经济合同管理规章制度，定期对每份履行完毕的经济合同进行评审。

评审内容主要包括合同的签订、审核、履行、争议解决等。

企业应制订评审结果等级划分方法，并制订相配套的奖惩措施。

十六、合同管理考核与奖罚

合同管理的考核工作一般包括下列内容：

（1）法律、法规的执行和合同管理制度的落实情况；

（2）合同管理职责履行情况；

（3）合同的基础管理工作；

（4）合同签订、履行和违约情况；

（5）避免合同风险和挽回经济损失情况；

（6）合同管理人员工作完成情况和业务素质提高情况。

在合同谈判、签约、审查、履行中严格把关，节约资金或避免经济损失的，或在处理合同纠纷中依法挽回经济损失的，按有关规定给予表彰奖励。

凡违反规定，具有下列情况之一，分别给予通报、取消签约资格，情节严重给企业造成重大损失的按有关规定处理。

触犯法律的移交司法部门处理：

（1）未经授权，私自对外签订合同。

（2）超越授权范围对外签订合同的。

（3）分析合同规避相关部门审查的。

（4）不及时签订合同或签订后不及时审查审批造成事后合同的。

（5）未经主管部门同意，私自转包、分包的。

十七、合同管理考核体系标准

第一部分：定性考核部分（总分值：100，权重：30%）					
检查项目	工作要求	检查内容	标准分	评分标准	检查方法及说明
管理机构及人员（40分）	设有机构统一负责合同管理工作，专兼职合同管理人员配备到位、职责明确。	合同管理机构人员	12	有合同归口管理部门，实行合同统一管理，得7分；合同管理人员按照编制配备到位，得10分；合同人员具备从事合同管理的必备技能，企业法律顾问资格、社会律师资格或法律职业资格的专职合同管理人员占全部专职合同管理人员100%，按照公司有关规定，合同管理机构和人员职责明确、职责内容全面完整，得6分；	查阅相关文件及制度，并检查机构设置实际。
管理制度（30分）	建立完善的合同管理制度和工作流程，并在实际工作中严格执行。	合同管理制度	10	认真履行公司合同管理制度，得6分；按照管理制度和工作流程开展合同管理工作，处理合同业务，得10分；合同管理台账完整、规范，得1分。	查阅已生效的制度文件。

续表

第一部分：定性考核部分（总分值：100，权重：30%）					
		合同专用章管理与使用	5	合同专用章由合同管理部门或专职人员负责保管，得1分；按照合同专用章管理制度和程序，使用合同专用章，得2分；没有使用合同专用章，每发现一处，扣1分。	查阅相关资料和已经签订的合同。
		"守合同、重信用"单位评定	5	近三年内，被评为国家级"守合同、重信用"单位，得5分。近三年内，被评为省级"守合同、重信用"单位，得3分。近三年内，被评为市级"守合同、重信用"单位，得1分。	查阅相关资料（各项得分不重复计算，以最高得分项为准）

第二部分：定量考核部分（总分值：100，权重：70%）					
考核项目	工作要求	考核内容	标准分	考核标准	说明
合同订立	严格按照国家的法律、法规和公司规定，订立各类合同。	合同文本	10	使用公司审定公布的标准合同文本。没有公司公布的标准文本可供使用的合同，根据本单位实际情况，按照公司要求，本单位法律部门组织制定较为完善的合同。合同文本条款齐备，约定明确，制作规范。	查阅文本资料。
		合同选商	10	建立市场准入制度，支出类合同相对人通过公司市场准入资格核查同意。支出合同招标率达到100%以上。	检查市场准入相关资料，抽查招标合同是否经过招标程序，核算招标率。招标范围包括招标、议标和网上采购（能源一号网）；议标是指在2个或2个以上相对人中择优选定合同相对人。
		合同审查	10	按照合同审查制度和程序，严格法律、经济、技术三项审查；签约人按授权签约；合同审查率达到100%；合同合规率达到100%。	查阅相关资料，抽查部分合同，核算合同审查率。合同审查率=单位年度经过三项审查合同数量÷单位年度已签合同数量×100%。

续表

第一部分：定性考核部分（总分值：100，权重：30%）				
合同履行	全面规范地履行合同约定，维护企业利益和市场信誉。	合同履约	10	合同履约率达到100%。投资不超。工期、质量符合合同约定要求。合同发生变更或解除事项，有关通知、协议采用书面形式。严格按照规定程序履行变更或解除手续。	查阅相关资料，抽查部分合同，核算合同履约率。合同履约率=单位年度已实际履行合同数量÷单位年度已签订合同数量×100%。单位年度已实际履行合同是指当年签订当年履行的合同。履行指按照合同全部或部分履行。
		履行监管	10	合同管理部门掌握合同履行情况，建立合同履行台账或有相关资料。合同管理部门按照制度参与重大合同履行相关环节，并切实发挥作用。	查阅相关资料，抽查部分合同。
		合同纠纷	8	合同纠纷率为0%。因我方过错造成的合同纠纷率为0%。	查阅相关资料，抽查部分合同，核算合同纠纷率。合同纠纷率=单位年度发生纠纷合同数量÷单位年度已签订合同数量×100%。我方过错合同纠纷率=单位年度因我方过错发生纠纷合同数量÷单位年度已签订合同数量×100%。我方过错是指我方不履行合同或履行合同不当。

第十三章 法律风险管理

一、风险种类及相互之间的关系

从宏观上讲,决定企业命运的不外乎有三种风险,即自然风险、商业风险、法律风险。

自然风险是指不可抗力的风险,比如地震、台风等自然性的风险,以及战争、罢工等社会性风险,这些风险具有不确定性、难以预测性和个体不可逆转性。

商业风险一般是指市场风险,包括宏观政策性风险。这种风险的大小往往取决于企业工作人员对商业机会的把握和经营决策等,虽具有不确定性,但也具有一定的前瞻性和可控性。

法律风险,从广义上讲,法律风险也是一种商业风险。正如商法与经济法的关系一样,当法律风险的内涵和外延逐渐扩大,成为一种相对独立的、有比较明确的外延且对企业影响成为一种主要因素时,将法律风险单独作为一种风险,对研究企业风险意义重大。

法律风险是指不遵守法律规则或违反法律规则,以及不善于利用法律规则导致承担法律制裁、承担经济名誉损失的风险。法律风险可以分为主动性风险和被动性风险。主动性风险是指因有意或无意地触犯法律规则而导致的风险;被动性法律风险是指由于不懂法律规则、疏于法律审查等,而没有采取有效的法律手段维护自己权利,进行法律救济所带来的风险。

与自然风险、商业风险相比,企业的法律风险具有如下特征:(1)法律风险源于法律规定,因而法律风险具有法定性;(2)由于法律风险具有法定性,决定了法律风险具有相对的确定性;(3)由于法律风险具有法定性和相对确定性,决定了法律风险具有可预见性,这是法律为企业发展保驾护航的基础;(4)由于法律风险具有可预见性,决定了法律风险具有可控性和可化解性,这正是法律为企业保驾护航的意义所在。

二、法律风险的定义和特点

法律风险管理对企业利润有着巨大的影响,法律风险管理是未来企业一个重要的核心竞争力。

从欧美企业的情况看,强化法律风险管理同样对企业利润有着巨大的影响。2004年世界前500强企业项目防范企业法律风险管理的成本大约为企业当期利润的20%,由于无法对法律管理的效果或者产出做出评价,如此巨额的法律支出,企业同样无法进行哪怕是最基本的投入产出分析,可以说,如果能够强化企业的法律风险管理,企业的利润同样将有大幅的上升空间。从上述分析看,不论是从国外还是国内企业的情况看,法律风险造成的损失对企业的影响都非常大,占到相当的比例,而这一部分居然从来没有过像样的管理,因此法律风险管理本身可能带来的价值极大。

法律风险管理将成为未来企业核心竞争力之一。不论上述结果是否精确,有一点是可以肯定的,法律风险成本对企业利润的影响极大。仅从整体平均法律风险成本的角度看，其对企业利润的影响就可能远远超过10%，而对那些高于整体平均的项目而言，仅仅管理好其法律风险就有可能使其利润有高达百分之几十、上百甚至几百的增长。

（一）法律风险的定义

定义之一：法律风险是因为企业不懂法、不守法、不用法而带来的否定性评价。给企业带来经济上、声誉上的损失，一个是有形的，另一个是无形的。企业不懂法，不守法，尤其是不用法的现象大量存在。其实法律用好了，是很好的一个宝贝。作为企业的法律顾问，法律用好了也是很好的一个东西。

定义之二：法律风险是因为立法、司法、执法的不确定性，而带来的否定性评价，并给企业带来经济上、声誉上的损失。我们刚才讲了还有一些政策，比如我们的上市公司，一大半都面临环境污染的问题，随着监管法规和相关政策的要求越来越严格，企业面临的限制越来越多，风险也就越大。

定义之三：法律风险是基于法律规定、监管要求或者合同约定，由于企业外部环境变化，或者企业利益相关者的作为或不作为，对于企业目标的完成产生的影响。

定义之四：企业由于环境、文化、教育对象等信息不对称，而导致决策失误或者行为失当，可能遭受的一种法律后果或者经济损失。

（二）法律风险的特点

法律风险的特点有以下几点：

专业性与广泛性。专业性这就不用说了。广泛性，从企业设立到企业破产整个过程，各个环节、各个领域都有法律风险。

复杂性与隐蔽性。因为风险之间是相互演变的、交叉的，所以复杂。隐蔽性，很多法律风险隐藏在"合法"的外衣下，不容易被发觉和认识，所以导致很多企业不能事先预防。

灾难性与难治性。灾难性是指一些风险给企业带来的后果几乎是毁灭性的，近乎一场灾难。

全员性，就是企业领导、经营管理者，还有所有的员工都可能引发法律风险。

长期性，就是说整个发展过程都会出现，并且长期存在。法律风险提出来以后在企业管理方面是一个很大的进步。

三、法律风险对企业有颠覆性的影响

好的创意、好的团队、好的项目、好的市场、好的投资人、好的管理者、合适的时间、合适的地点、合适的方式……一个企业的成功，有一百个理由。但是，一个企业的失败，只需要一个理由。这个理由可能就是法律风险。这种法律风险，可能体现在投资协议的一个漏洞条款上、股东会的一个错误决策上、一份不完善的尽职调查报告上、一个不合理的内部流程上、一份银行抵押担保上、一起生产安全事故上……企业如同一个人的身体，任何一个环节的机理失衡，都可能引发灾难性的后果。

相关统计数据显示，欧美企业的平均寿命是 40 年，日本企业的平均寿命为 30 年，而中国企业的平均寿命只有 7.3 年，中国民营企业的平均寿命只有 2.9 年，中国每年约有 100 万家民营企业破产倒闭（上述统计还不包括一大堆小微型的企业、门店、作坊、商铺、夫妻店等）。

不论是国内还是国外，法律风险都会给企业造成非常大的损失。有统计，世界前500强公司防范法律风险的成本大约为企业当期利润的20%。如此巨额的成本支出，很多企业却没能对其进行有效的投入产出分析，更谈不上对其进行精细化的管理。从这个角度讲，如果能够有效加强企业的法律风险管理，企业的利润将会有大幅的上升空间，法律风险管理本身可能带来的价值极大。那么，造成中国企业平均寿命短的根本原因是什么？很多关心企业发展的人士做过很多分析，得出过很多结论，林林总总，可谓仁者见仁，智者见智。

而从整体上看，中国企业法律风险管理投入严重不足，据全球知名的法律风险管理咨询机构英国路伟律师事务所调查报告，中国100强企业法律风险分值最高为97分，最低为16分，中间值是42分，该分值的意义在于衡量企业应投入的法律风险防范和法务管理方面的法律经费支出，每100分代表企业平均法律支出应占企业总收入的1%。由此可以推出，中国企业平均法律支出应占企业总收入的0.42%，但实际投入仅0.02%，远远低于国际标准，从另一个角度看，国内法务管理工作有较大的发展空间。

四、企业法律风险的分类

企业的法律风险多种多样，不同的企业有不同的特点，不同的学者有不同的观点，不同的时期有不同的特征，很难说具体有多少种，更不能说有多少个法律风险。一个企业在不同的发展阶段也都面临着不同的法律风险。因此只能从风险划分方式上定义，一般划分为：

从承担法律责任的形式看，法律风险可以分为民事法律风险、行政法律风险、刑事法律风险。

从企业面临的业务性质分，可以分为税务法律风险、工商法律风险、财务法律风险、知识产权法律风险等。

从企业职能角度分，法律风险发生在劳动人事、商务合同、公司治理结构等三个领域。

从企业经营业务分，有企业设立中的法律风险、合同招标风险、企业发展中的并购法律风险、企业知识产权法律风险、企业人力资源管理法律风险、企业内部控制法律风险、企业重大决策风险、企业的刑事法律风险，还有其他法律风险，包括企业安全、环保、内部隐患、外部侵权，不正当竞争法律风险，产品责任法律风险，消费者权益法律风险，税收法律风险，特许经营法律风险等。

从企业职能部门划分，有劳动人事法律风险、商务合同法律风险、公司治理结构法律风险、公司重组法律风险、公司增资减资法律风险、公司融资法律风险、公司退出市场的法律风险等。

从表现形式上区分，有企业设立的法律风险、公司经营业务法律风险、企业发展中的并购法律风险、企业知识产权法律风险、企业人力资源管理法律风险、企业内部控制法律风险、企业重大决策风险、企业的刑事法律风险。

五、企业法律风险评估

法律风险评估包括风险识别、风险分析和风险评价三个环节。

法律风险识别的目的是全面、系统和准确地描述企业法律风险的状况。法律风险的识别，就是查找企业生产经营活动中各重要业务流程中存在的潜在风险，并对风险进行描述、分类、分析、归纳。

首先是寻找法律风险的源和点，通过对企业的生产活动、市场营销、物资采购、对外投资、人事管理、财务管理等进行梳理，寻找风险源和点。

其次，寻找风险产生的原因，对这些风险和点识别，方法是通过对法律环境、违规、违约、侵权、怠于行使权利、行为不当等梳理，寻找规律和原因。

最后，分类风险等级，根据法律风险的源和点及其产生的原因，梳理风险责任和等级，分别归类为刑事法律风险、行政法律风险、民事法律风险的梳理，发现不同责任下企业存在的法律风险。

在工作方法上，要构建法律风险框架，形成法律风险清单。

可采用问卷调查、访谈调研、头脑风暴、德尔菲法、检查表法等方法进行法律风险识别，并确定分类和命名规则，对每个法律风险设置相应的编号或名称。

在法律风险事件及法律风险名称确定后，应将这些事件统一列表，并在列表中补充每一风险事件适用的法律法规、风险动因、可能产生的法律后果、相关的案例、法律分析意见及其涉及的部门、经营管理流程等信息，最终形成企业的法律风险清单。

在程序方面，风险识别—风险分析—风险定性定量。

根据法律风险源的源和点列表进行分析，考虑以下因素：

外部监管执行力度，包括企业外部相关政策、法律法规的完善程度，以及相关监管部门的执行力度等；

内控制度的完善与执行，包括企业内部用以控制相关法律风险的规章、制度的完善程度及执行力度等；

相关人员法律素质，包括企业内部相关人员对相关政策、法律法规、企业规章制度以及法律风险控制技巧的了解、掌握程度等；

利益相关者的综合状况，包括利益相关者的综合资质、履约能力、过往记录、法律风险偏好的表达等；

所涉及工作的频次，指与法律风险相关的工作在一定周期内发生的次数。

对于不同类型的法律风险来说，影响其发生的可能性因素会有所不同。

风险分析的目的是对法律风险进行定性、定量，为法律风险的评价和应对提供支持。其定性定量分类为：

后果的类型，包括财产类的损失和非财产类的损失等；

后果的严重程度，包括财产损失金额的大小、非财产损失的影响范围、利益相关者的反应等。

在法律风险性定量水平排序的基础上，提出法律风险的应对策略。

六、企业法律风险应对

法律风险应对是指企业针对法律风险或法律风险事件采取相应措施，将法律风险控制在企业可承受的范围。

法律风险应对包括选择法律风险应对策略、评估法律风险应对现状、制定和实施法律风险应对计划三个环节。

（一）风险应对策略

风险应对策略一般包括风险规避、风险降低、风险分担和风险承受四种。

（1）风险规避：放弃或者停止与该风险相关的业务活动，如撤销项目、抛售股票、放弃市场和禁止高风险活动。

（2）风险降低：采取适当的控制措施降低风险或者减轻损失，如风险分散管理和隔离控制等。

（3）风险分担：借助依靠他人力量控制风险，如购买保险和通过签订合同转移风险等。

（4）风险承受：不采取控制措施降低风险或者减轻损失，对于风险承受度之内的，或为了实现战略目标而不可摆脱的固有的、稳定的风险，可选择做好准备，调集资金和其他资源正面应对。

法律风险应对策略应该至少考虑以下几方面的因素：

（1）企业的战略目标、核心价值观和社会责任等。

（2）企业对法律风险管理的目标、价值观、资源、偏好和承受度等。

（3）法律风险应对策略的实施成本与预期收益。

（4）选择几种应对策略，将其单独或组合使用。

（5）利益相关者的诉求和价值观、对法律风险的认知和承受度以及对某些法律风险应对策略的偏好。

（二）评估法律风险应对现状

法律风险应对策略确定后，下一个程序就是评估，以了解目前的法律风险应对存在哪些不足和缺陷，为制定法律风险应对计划提供支撑。

评估法律风险应对现状至少应考虑以下几方面的因素：

（1）资源配置，即企业内部组织机构设置，人员配备，工作程序安排，职责范围能否满足法律风险应对需要。

（2）责权利的统一，即主管部门、职能部门、专业部门和实施部门的职责权限相互的关系，能否解决实际存在的风险问题。

（3）过程监控，对持续性业务和管理活动进行定期或不定期的监督和控制以及信息沟通。

（4）奖惩机制。

（5）风险防控的执行力。

（三）制订和实施法律风险应对计划

凡事预则立，不预则废。应对措施通常包括以下几种类型：

（1）建立风险防控的体系，如制定或完善与法律风险应对相关的制度、流程。

（2）确立风险防控指南，如针对特定法律风险，编撰指引、标准类文件，供业务人员使用。

（3）工作的手段和方法，包括利用技术手段规避、控制或转移某些法律风险。

（4）提出具体的运行计划和时间要求及进度安排，包括开展某些专项活动，规避、控制或转移某些法律风险，还有应对措施的机构、人员安排，明确责任和奖惩。

（5）信息共享，指针对某些法律风险事件发布告警或预警信息。

（四）监督和检查

法律风险管理的监督和检查是持续改进的重要环节，及时了解和学习内外部法律风险环境的变化，改进法律风险管理流程的运行状况，监督风险应对计划的有效执行，业法律风险管理监督和检查的内容应包括但不限于以下内容：

（1）及时了解和学习内外部法律风险环境的发展变化，如法律法规、相关政策的出台和变化，司法、执法及社会守法环境的变化，企业自身战略的调整改变等。

（2）动态监测法律风险事件，分析趋势及其变化。

（3）对照法律风险应对计划检查工作进度与计划的偏差，保证风险应对措施的设计和执行有效。

（4）报告关于法律风险变化、风险应对计划的进度和风险管理方针的遵循情况。

（5）实施法律风险管理绩效评估。

七、企业风险管理总体框架

根据 ERM 所描述的内容，全面风险管理是一个从企业战略目标制定到目标实现的风险管理过程。它可以简单用三个维度来表述，即企业目标、全面风险管理要素、企业的各个层级。在第一维度中，企业目标有四个方面：战略目标、经营目标、报告目标和合规目标；第二维度全面风险管理要素有八个：内部环境、目标设定、事件识别、风险评估、风险对策、控制活动、信息和交流、监控活动。第三维度是企业的各个层级，包括整个企业、各职能部门、各条业务线及下属各子公司。其中在第一维度框架下的企业四个目标中，合规目标是一个保底性目标。实际上，这个保底性目标就是一个企业遵循法律法规，避免法律风险的目标。

国家标准化管理委员会发布并实施《企业法律风险管理指南》（GB/T27914-2011），不仅要明确法律风险环境信息，还要进行法律风险评估、法律风险应对并进行监督和检查。

八、法务核心转变——风险防控

企业传统法务的核心是处理法务,现代法务的核心是法律风险防控。法律风险管理将成为未来企业核心竞争力之一。

1882年,美国美孚石油公司设立公司法律部,从那时起,法务的核心内容一直是从法律专业的角度处理企业面临的各种法律事件和问题。

(一)转变成因

传统模式下,法律风险控制责任由法务部门独立承担,当企业面临的法律风险有限时,该模式尚可维持。

随着企业的规模化、国际化、多元化以及市场的全球化,市场交易规则的日趋复杂,企业面临的法律风险类型、数量急剧增加,法律风险导致的后果也越来越严重,法务顾此失彼,只能选择破罐破摔,将命运交给宿命(很多中国企业的选择),或是走欧美企业的法律管理之路,不断增加雇员,导致企业成本急剧增加,企业不堪重负。

欧美模式不是中国预防性企业法律风险体系的模板。

一是在法律风险后果日趋严重的今天,破罐破摔无异于自杀,显然不可取,中国企业要想做"百年老店""世界品牌",就必须在法律风险管理上有所作为。

二是企业增加法务雇员的速度远远赶不上法律风险增加的速度,欧美的传统模式尽管花费高出中国企业的50倍,但重大法律事故依然频频爆发,这已经说明有百年发展历史的法务已经尽显疲态,因此欧美模式绝不应该成为中国建立预防性法律风险体系的模板。

（二）企业需要什么样的法律风险管理体系

企业法律重大事故的频出和可以明确预见的法律风险后果的日趋严重，决定了企业必须在法律风险管理领域要有所作为，既然传统法律模式不能满足这一新的要求，那么企业到底需要什么样的法律风险的管理体系才能达到将企业法律风险控制在可以接受的范围内，实现企业可持续发展的战略目标呢？

法律风险的特点决定了控制法律风险的基本手段，进而决定了企业法律管理体系基本特征和面貌。法律风险是一种未来的风险且其带来的后果也越来越严重，因此要求新的体系必须是预防性的体系，这是新的法律风险管理体系的基本要求。

法律风险是潜在的风险，这要求控制企业法律风险必须做到全面系统地识别法律风险。法律风险类型众多，决定了我们必须通过量化评估，才能分清轻重缓急，做到防控重点企业法律风险；法律风险在企业中无处不在，这又决定了防控企业法律风险必须全员参加，将法律风险控制在其发生的源头。企业法律风险的不断变化决定了我们必须实施动态管理的系统。

企业面临的内外部环境的变化，决定了进行有效的企业法律风险管理必须要解决的基本问题。法律风险管理在企业管理中面临的尴尬地位，很大程度上因为法律专业人员无法让管理层真正听懂法律风险对企业的影响，因此新的体系必须要用管理层听得懂的经济学语言来描述法律风险。

没有评价就没有管理，因此要建立科学的评价体系，这一体系不仅可以对企业本身的法律风险状况进行评价，还可以与竞争对手等其他企业的法律风险状况进行比较和评价，同时要对每一种现实的法律风险进行量化评估，区分轻重缓急。

中国目前正处于社会转型期，制度法律风险与实际法律风险存在巨大落差，对中国企业来说用实证的方法弄清楚什么是真正的现实的风险意义重大。

不同的法律风险有不同的治理方法，同一种法律风险的治理也会有不同的方案选择，而不同的方案会产生不同的成本，因此必须用管理的方法来控制法律风险。

中国企业需要什么样的法律风险管理体系？

中国企业需要的是以预防为基本目标，以全面系统识别、量化测评为基本手段，以岗位控制为核心，以实证研究为基本方法，包含科学的评价体系，能够让管理层真正听懂且能实施有效管理的动态法律风险管理体系。

（三）预防性法律风险管理与防范的四个层次

传统法律体系遭遇的危机和重大法律事故的频频爆发，直接推动了相关立法和企业预防性法律风险管理与防范理论和实践的发展。纵观国内相关的研究和实践，我们可以大致分为以下四个层次：

第一个层次："防范法律风险"。

这是绝大多数企业和社会律师所采用的应对方法，也是最初级的形式。防范法律风险尽管具体内容还是如何处理具体的法务和问题，但已经开始强调事前的应对，部分研究甚至强调了站在企业的角度去分析这些具体问题，体现了若干新意。

第二个层次："系统梳理法律风险"。

该层次研究主要是梳理、分析、评论企业在特定领域的法律风险。这类研究强调的是实用性，为建立企业法律风险管理体系做了部分基础性工作，但理论意义有限，依然是用传统的法律方法来解决企业的法律问题。赵曾海、黄学诚主编的《砍掉风险——企业家如何阻止大败局》，即属于此类研究。

第三个层次："企业法律风险系统管理"。

这属于真正意义上的企业法律风险研究和实践，研究者已经意识到企业法律风险管理研究与其他法学研究非常不同，在本质上，企业法律风险管理研究是一种管理学的研究，法律风险是其研究的对象。这类研究对企业法律风险的定义、特点、分类以及识别、测评、量化和控制技术方面的研究比较深入，但此类研究全部脱胎于COSO的框架，在理论上并没有重大的突破，在实践上又受制于法律风险量化技术不完善和评价体系的阙如，因此实际实施者寥寥。陈丽洁、叶小忠主编的《企业法律风险管理的创新与实践》，吕振勇、刘洪林主编的《电力企业法律风险防范与管理》等则属于这种真正意义上的企业法律风险管理研究。

第四个层次："企业法律风险的精细化管理"。

这类研究已经提出了完整的理论框架和实用的分析工具和方法。在此框架下，企业可以真正像管理财务一样去管理法律风险，实现了"用经济学语言来描述法律风险，用管理的方法来解决法律问题"的目的。可以说，企业法律风险的精细化管理奠定了法律风险管理科学化和学科化的基础。

九、建立法律风险防控体系

法律风险存在于企业生产、经营、销售、分配的各个环节，渗透到各部门、各业务、各专业领域，因此法律风险的防控也是

一个系统工程,应当建立法律风险的防控体系,内容包括以下方面:

(1)目标:企业各经营管理领域实现法律风险防控流程化、体系化,形成对法律环境变化反应迅速、应对风险机制健全、避免损害效果显著的法律风险防控机制,有效防控企业法律风险。

(2)体系内容:以法律法规为依据,以业务管理为基础,包括法律风险源分析、防控措施、防控流程、法律依据四部分内容。

(3)法律风险源分析:法律风险源分析包括法律风险源、法律风险源具体表现、法律风险源具体表现诱发因素、法律风险四项内容。①法律风险源:法律风险源是指企业不履行或不适当履行义务,未依法充分取得、行使、保护权利,以及缺乏法律技巧的行为等法律事实。②法律风险源具体表现:法律风险源具体表现是指法律风险源在企业经营管理活动中的具体表现形式。查找法律风险源具体表现,应依据法律法规,结合已发纠纷案件成因分析,梳理出各业务领域中可能存在的各类法律风险源表现形式。③法律风险源诱发因素:法律风险源诱发因素是指企业经营管理中存在的导致法律风险源具体表现的原因。④法律风险:法律风险是指企业可能承担法律责任、权益被侵害或丧失、增加义务或负担等法律上的不利后果。

(4)防控措施:防控措施包括防范措施、控制措施和补救措施,每项措施由责任部门、措施内容和实施证据三部分组成。

①防范措施:防范措施是指在法律风险源发生或产生之前,采取的避免法律风险源发生或产生的措施。

②控制措施:控制措施是指在已经发生或产生法律风险源,但尚未产生不利后果时,采取的控制不利后果发生的措施。

③补救措施:补救措施是指在实际不利后果发生之后,采取

地减轻或消除实际不利后果的措施。

④责任部门：责任部门是指组织落实各项措施的主要负责部门，通常为该项业务主管部门。一般情况下，一项措施只有一个责任部门，其他相关部门作为协作部门在措施内容中列明。

⑤措施内容：措施内容是指防控措施的规范要求及流程。

⑥实施证据：实施证据是指记载或证明防控措施已经落实的各类表单、文件等资料，是判断和测试法律风险防控体系实施情况的主要依据之一。

（5）防控流程：将法律风险源具体表现及其防控措施落实到具体业务流程的相关环节上，实现法律风险预警、部门防控职责和防控措施实施的规范化、程序化。

（6）法律依据：法律依据是分析法律风险源、制定防控措施所依据的法律法规。体系文件针对法律风险源具体表现及其防控措施，列明相关法律法规的主要条文。

十、法律风险成本分析

企业法律风险成本分析是指运用实证分析等方法，计算企业的法律风险成本。

法律风险成本分析是实现法律风险精细化管理的关键，也是将法律风险量化为经济学语言的关键，还是实现与企业其他管理领域进行无障碍沟通的关键。

法律风险成本分析的基本步骤：

首先，需要找出企业全部或近五年的仲裁和诉讼案件，并估算上述因素在整个损失中所占的比例以及企业财务报表中的坏账准备、投资减值、预算外支出和非经常性损益等主要科目的资料，包括每一个案件、每一笔坏账、投资减值、预算外支出和非经常性损益的详细资料。

其次，由法律风险管理专业人士逐一审查每笔损失是否由法律风险引起，从而计算出每笔损失中的法律风险成本，同时确定每笔法律风险损失是否是可控法律风险行为导致的损失。

再次，在使用实证研究估算每笔损失中的法律风险成本的同时，分析其中的法律风险行为，并确定导致该笔损失的行为发生的时间和损失发生的时间，从而确定损失的周期，以及是否可控等相关信息。

最后，根据损失和损失的周期，分别计算累计法律风险成本和当期法律风险成本。累计法律风险成本是指会计年度内所有具有现实威胁的法律风险损失的总和。当期法律风险成本是指将法律风险损失按损失周期按年分摊后，汇总得出的本会计年度内的法律风险损失总和。

十一、企业法律风险损失预测和动态监控

通过对企业法律风险的预测和监控，可以提前实施防控措施，避免法律风险或是降低其对企业造成的不良影响。

通过对通过实证研究识别出的法律风险及相关数据分析，我们可以首先将这些风险进行分类，然后计算出各类别法律风险的平均寿命、平均损失以及损失随时间变化的趋势。当我们将企业面临的或即将面临的法律风险识别出来以后，我们就可以再参考上述分类的平均寿命、平均损失和损失随时间变化的趋势，估算

出每一个具体法律风险的周期和可能造成的损失。输入模型之后,我们就可以得到企业未来法律风险损失预测叠加图。

叠加图和相应的预测数据库不仅可以为企业确定法律风险管理目标提供帮助,还可以应用于具体目标的分解中。

叠加图另外一个作用就是对企业的资金链的潜在风险进行监控。

十二、加强监督与考核

企业内部监督与考核,同企业生产经营密切相关,也是建立企业法律风险防范机制的关键环节。只有加强企业内部监督与考核,切实做到事前预防、事中控制和事后监督,才能有效防范企业法律风险。

法律风险评估和法务考核是加强监督与考核的两个重要内容。实际工作中,法律风险防控和法务工作的内容和范围具有一致性和趋同性,针对同一考评指标,从法律风险和法务两个角度分别考评。

法律风险评估结果反映的是各单位的风险状况;法务考核结果将作为各单位年度法务绩效的依据。

(一) 考核原则

综合考核原则,突出工作业绩与风险评价相结合,以评估发现漏洞,以考核促进管理,全面考评法律风险和法务工作,通过政策引导,推进依法治企。

(1) 分类、分级考评原则,根据单位的生产经营特点进行分类,按照业务类型、单位规模、管理难度等进行分级。

(2)关键指标考评原则,出现"重大法律事件""重大经济损失"指标,直接从考核结果中扣分,防控重大法律风险。

(3)客观公正原则,力求评估和考核指标体系设置科学规范,考核标准公正合理,考核方法严谨易行,考核结果公开透明。

(二)考评指标体系

法律风险评估和法务考核的主要指标分为四个部分,包括法律基础管理、合规管理、法律风险防控和合同管理。

(1)法律基础管理,主要考评机构建设、人员配备、持证率、普法宣传、诉讼法律文书和档案管理等指标。

(2)合规管理,主要考评规章制度管理、重大决策咨询论证、劳动、行政许可、证照管理、知识产权、财税合规等指标。

(3)法律风险防控,主要考评法律风险岗位防控体系建设、风险防控应知应会、防控措施的落实等指标。

(4)合同管理,主要考评市场准入、招标投标、授权签约、标准文本、合同履行以及三项审查率、违约率、纠纷率、事后合同率等指标。

各单位"重大法律事件"和"重大经济损失",作为关键项考评指标。

重大法律事件,包括较大负面影响法律事件及重大违法违规事件。它是指违反法律法规或违反政府禁令,被媒体(含国内省级及以上党政机关主办的媒体,以及国内外主流媒体)报道,对公司声誉造成影响的事件,或领导班子成员因职务犯罪被判处刑罚,或公司被行政机关处以责令停产停业或吊销营业执照、许可证等事件。

重大经济损失,违反法律法规、合同约定或因其他过错导致承担法律责任，给公司造成500万元以上重大经济损失。

法律风险评估和法务考核均采用百分制，基础管理、合规管理、风险防控和合同管理四大部分，每个部分分值25分，总计100分。

（三）考评程序和方法

评估和考核方式主要有自查自改、单位总结、考核组听取汇报、查阅资料（工作计划、实施措施、工作痕迹、法律文书等）、个别访谈、合同和纠纷案件管理以及法律风险岗位防控系统跟踪测试等。

法律风险评估，主要测评单位的法律风险状况，侧重于法律风险防控和合规管理工作，加大这两个部分的分值权重，其计算公式为：

法律风险评估分值＝（法律风险防控部分得分＋合规管理部分得分）×130%＋（法律基础工作管理部分得分＋合同管理部分得分）×70%－关键项指标考核扣分

法务考核，主要考核单位的法律管理能力，侧重于法律基础工作管理和合同管理，加大这两个部分的分值权重，其计算公式为：

法务考核分值＝（法律风险防控部分得分＋合规管理部分得分）×70%＋（法律基础工作管理部分得分＋合同管理部分得分）×130%－关键项指标考核扣分

"重大法律事件"和"重大经济损失"等关键项指标，发生1起（次），扣减法务绩效实际得分的总分值5分（有充分证据证明错判、错罚的除外）。每年12月20日前，各单位将本年度"重大法律事件"和"重大经济损失"情况，据实上报法务处（零报告制）。由本单位法律业务分管领导审核，单位负责人审定，并加盖本单位公章。

根据评估得分,将法律风险评估结果分为低、中、高三个等级,其对应的法律风险评估分值分别为:85分以上、60~85分、60分以下。法律风险高的单位,应加大法律管理力度,增加法律人员配备和资金投入。

根据考核得分,将法务考核结果分为优良、合格、不合格三个结果,其对应的法务考核分值分别为:85分以上、60~85分、60分以下。

法务考核结果为优良的,推荐为年度法务先进单位;考核为不合格的,公司总法律顾问将约谈该单位法律业务分管领导,并对该单位进行通报。

(四)法律风险防范模型

1. 冰山模型

冰山模型关注潜在风险。

冰山模型是最为大家熟知的风险管理模型。露在海面的冰山只是庞大冰山的十分之一,海平面以下看不见的部分才是冰山的主体。企业法律风险也一样,暴露出来的风险永远只是海面的冰山一角,我们在工作中除了控制显风险,需要更多地关注潜风险。如何发现和防范没有暴露出来的潜风险,才真正考验企业法律风险管理的能力。

2. 安全带模型

法律风险管理体系需要切实运行才能发挥作用。

安全带模型是万科集团前首席律师颜雪明提出的。当今社会,安全带是机动车的标配,特别是主驾位与副驾位,如果不系安全带,车子会"嘀嘀嘀"叫个不停。但是,再好的安全带,如果不系上,就无法发挥作用,而只是摆设。有些人不愿意系安全带,于是"静音器"应运而生，插上就不叫了。很多交通事故，驾驶员如果系了安全带，或死或伤的后果可能完全不一样。

企业法律风险管理体系如果不能有效运行，就是空中楼阁，就是没有系上的安全带。同样，法务人员的能力再强，如果没有参与经营决策、发表意见的机会，就好比安全带的提示功能被静音了，表面上没有杂音，气氛很和谐，实际上隐藏着巨大风险。

3. 饮用水模型

企业生存、发展是第一位的，法务工作要为经营服务。

现代社会，对生活饮用水水质有严格的卫生标准，从感官性状、化学、放射、毒理学、细菌学等角度设置了复杂的指标，从而保证饮用水的感官性状良好，水质对人不产生毒性和潜在危害。但是，在西部一些干旱地区，人们曾经只能从野外浑浊的水坑中盛水，只要有水喝就是幸福的事，根本顾不上水质是否达标。

对企业来说，生存、发展是第一位的，只要经营就会有风险，停滞不发展是最大风险。企业法务工作不能只看到风险，不能一叶障目，不见森林，一看到风险就说不行，而要考虑到项目经营的整体需要。为了生存，有时候，浑浊的水也得喝。为了在竞争中胜出，企业有时必须面对巨大风险。但是，当必须喝浑水的时候，我们应当具有识别致命病菌的能力，才不会饮鸩止渴。

4. 卖豆腐模型

警惕部门本位主义引发风险。

以前卖豆腐，从大豆浸泡、磨浆、滤渣、煮浆、点卤、压块、切块的制作过程，从采购、设计制作、销售、收银的全流程，一个人或一家人就完成了，从来不会付了钱却没拿到豆子，或者豆腐卖完了却没有收到钱。

现在的豆腐工厂，有采购部、生产部、销售部、财务部、行政部等部门。分工是社会进步的结果，专业的人做专业的事，企业规模越大，分工越细。但是，分工意味着经营行为的割裂，只要有分工，就会有本位主义，就会有不同部门、不同岗位之间的工作漏洞和扯皮，风险随之而生。企业法律风险管理，要高度警惕与分工形影不离的本位主义可能滋生的各种风险，关注部门之间的分工漏洞，实现经营与风险管理的有机结合。

5. 灭蚊模型

法务工作从被动到主动的转型。

蚊子虽小，叮人很烦，估计每个人都遭受过被蚊子叮咬的痛苦。20世纪50年代，蚊子更是被作为"四害"之一而成了公敌，遭全民围剿。人类与蚊子做斗争的过程，经历了从拍蚊—驱蚊—灭蚊—消灭蚊虫滋生环境的进化过程：叮疼了才发现有蚊子，一巴掌拍死它，这是最被动的做法；点上艾草、蚊香，把蚊子驱走，可以避免叮咬之苦，但蚊子还会再来；装上灭蚊器，诱使蚊子"飞蛾扑火"，自投罗网，无疑更为高明；做好环境卫生，消灭蚊虫滋生的环境，从源头上杜绝蚊子，才是抽薪止沸、除恶务本的方法。

企业法务工作也一样，在风险爆发后应对诉讼、解决纠纷，这是最初级的工作；做好合同等法律文件的起草和审查，可以减少风险或者在风险发生之后不至于太被动，但仍停留在被动服务的阶段；主动规划和开展法律培训，进行法律风险检查，制作、推广标准合同，打造以预防为主的法律风险管理体系，化被动为主动，才是我们追求的目标。

6. 挡箭模型

全员法律风险管理与关键岗位重点管理相结合。

两军交战，箭如雨发，若只是几个士兵有盾牌，或者只有几人具备挥刀斩箭的能力，无论这几个人武艺如何高强，终究无法避免其他人不被乱箭所伤。因此，战场上每个士兵都需要有为自己挡箭的能力。

第十四章 法务与企业商标管理

一、企业商标管理的意义

企业商标商号是企业品牌的载体,代表企业的商誉和形象。

按照法律规定,商标商号一旦依法注册,就具有独占和专有的性质,受法律保护,任何单位和个人不得非法占有和使用。

一个优秀的企业品牌,不仅反映企业高质量的产品和高水平的服务,而且体现着企业的属性、价值观、制度、文化和个性等更高层面的品质,从而使社会公众和消费者对企业更加信赖。这种品牌优势不仅给企业节省了大量营销费用,而且在把握商机、优质优价等方面也处于有力地位,使品牌优势能够直接转化成企业竞争力。这些年来,许多国际大公司普遍认为,硬实力自然是企业发展不可或缺的基本动力,但是软实力能够解决企业长远、永续发展的问题,因而改变了单纯依靠资源、资产和技术、价格等"硬实力"推动企业发展的做法,开始注重依靠文化、理念方面的因素获得影响力,通过"软实力"推动企业发展。品牌和商誉就是这种软实力的重要内容。有一位国际知名大公司的管理者表示,即使全世界的工厂在一夜之间化为灰烬,他也可以凭借企业的品牌在第二天让所有工厂得以重建。这固然有很大的夸张成分,但却在很大程度上说明了品牌的力量。

随着国际交往不断扩大，有关知识产权保护的国际性立法和交易主体之间的约定越来越多，依法行使知识产权保护和不侵犯他人的知识产权，越来越成为衡量一个企业文明程度和管理水平的重要标志。在一系列法律制度安排下，知识产权已成为企业重要的价值体现，并在企业价值中的含量不断提升。根据标准普尔500所作的对美国上市公司价值的统计，1975年有形资产和无形资产的比为83∶17，2005年则转变为20∶80，无形资产提升了53%，这其中就有品牌的资产价值。另据《哈佛商业评论》一篇文章的作者对B2B企业品牌隐形价值的量化研究结果，450多家公司品牌蕴藏着数十亿美元的价值，B2B分布的47个行业中，公司品牌对股票业绩的贡献率平均达到7%，最高的接近20%。由此可见，商标商号作为企业一项合法权益和品牌标志，有着很大的商业价值。

商标管理是适应市场竞争的需要而产生的。商标作为重要的知识产权，具有不可替代的重要价值和作用。保护好商标，是企业依法维权的当然之举。在市场竞争日益激烈的今天，要管理好自身的商标品牌不受侵害，有力打击各类傍名牌、搭便车等不正当竞争行为，进行全面的商标保护是必需的。

企业进行资本运作，如收购、兼并、重组、上市等工作，既包含了固定资产，也包含了无形资产。而商标字号是企业无形资产中最重要部分，对其保护是企业进行资本运作所必需的。忽视了对商标知识产权的保护，将会给企业带来重大损失和无法挽回的后果。

商标保护是经营管理的一个重要法宝。在合法有效地保护好自身商标的基础上，通过对商标保护促进企业的经营管理已是目前大型企业发展的必经之路。资源、资产和技术、价格等"硬实力"自然是企业发展不可或缺的基本动力,但商标品牌作为企业的软实力能够解决企业长远、可持续发展的问题。

商标管理是品牌战略实施的重要保障。品牌价值最大化,是企业品牌发展的最高目标。通过商标管理创著名商标、驰名商标,使企业的商标无形资产价值最大化。

二、商标的特征

商标有三个重要特征:

合法性,这是指商标的设计与使用要符合法律的有关要求与规定。

新颖性,商标设计应具有独特的构思,新商标与原有商标有明显的区别与差异。新颖性是体现商标说明商品来源这一本质特征的必要条件。

表现性,商标只有通过一定的形式才能得到表现,实体、音响、气味是表现的常用形式。实体商标包括平面商标与立体商标两种。其中,平面商标即商品的平面区别性商标,在数量上居于首位。

三、商标的功能

商标之所以被企业广泛采用,并成为竞争的重要手段,是由它的内在功能所决定的,一般具有以下功能:

(1)便于消费者选购商品。市场上商品不仅种类在日益增加,而且花色品种越来越复杂。因此,一方面为更好地满足消费者需要提供了可能,另一方面在客观上也带来了选购上的困难。怎样才能很快地在众多类似的商品中寻找到所需要的商品？商标为此提供了导购作用。商标是商品的脸谱，消费者凭借商标可以区别商品的不同来源，准确地识别与挑选商品，这是商标最本质的、最重要的功能。

（2）表明商品的特征。商标是一个综合概念，它包含着许多影响消费者对商品的情绪和感觉的因素：一是商标能够说明商品的质量。二是商标代表一种商品的历史。例如，人们提到北京"六必居"商标，就会联想到它100多年的畅销史，而提到一种新的酱菜的商标，则会意识到它是问世不久的新型酱菜。这样，人们便可凭借自己的价值观选取购买。三是商标代表商品的价格。四是商标代表商品的内在特性。

（3）装饰美化商品。商标是一件工艺美术作品，一般由精美的图案、流畅的线条构成，五彩缤纷，各具特色，可对商品起到很好的装饰作用。

（4）宣传促销商品。在市场营销过程中，企业可以通过商标独特的名称、优美的图案、鲜明的色彩、生动的形象来表明商品，吸引顾客，刺激购买。

（5）维护生产经营者的利益。一些名牌商品，由于深受广大消费者喜爱，具有较强的竞争力，往往容易被不法厂商所仿制，鱼目混珠，以假乱真。当商标注册后，这些商品的品牌受法律保护，具有排他性，可以有效地防止这种现象的发生，保护企业的正当权益不受侵害。

四、商标的价值

作为一种特殊商品,商标也具有价值,这集中体现在以下三个方面。

(1)商标的经济价值。商标的经济价值由两部分组成:一是商标制造过程所花的费用(市场调研费、设计费、印刷费、原料费等),二是在取得商标法律保护过程中所花的费用(注册费、续展费等)。

(2)商标的信誉价值。商标信誉是指商标在市场上的声誉和知名度,其高低由商标所代表的商品市场占有率等因素决定。

(3)商标的权利价值。商标的价值与商标专用权有密切联系。商标专用权表现为一种财产权,商标专用权转移的实质是一种财产交换关系,并由此表现出商标的权利价值。

五、商标的艺术价值和设计要求

商标是一种知识产品,是人类脑力劳动的结晶,它的艺术价值一是表现在它能够引起消费者对商品的偏爱,扩大销售;二是它本身就是艺术产品,其艺术价值往往超过商品本身的价值。

商标设计需符合一定要求,体现出应有的价值。这些要求是:美观新颖、简单鲜明,体现商品的特色,与目标市场相适应,避免雷同和过分夸张。

六、商标管理策略

在当代经济社会中,商标的保护直接关系到企业的生存与发展。只有保护好自身的商标字号等知识产权，企业的无形资产才能不被侵害。

商标策略是企业根据商品的质量和特点，合理地使用商标的策略。企业的商标策略一般有以下六种：

（1）个别品牌策略，是指企业不同的产品采用不同的商标。这种策略适用于企业不同品质的产品，以便用户严格区别高、中、低档商品的类别。

（2）使用多商标策略，是指企业在经营中将不同的商标分别使用在不同产品上的情况。

（3）家族品牌策略，指企业不同类型的产品采用统一的商标，有利于提高企业在社会上的声誉和知名度，但也要求企业对各种产品都要绝对保证质量，否则会起到相反的效果。

（4）使用主副商标策略，随着国际经济一体化的趋势以及营销学的新发展，商标的功能已经从传统的区分商品来源的识别作用逐渐转向展示企业形象的表彰作用。在这种情况下，一些新兴企业开始将产品商标与企业总商标区分开来，保留产品商标区分商品的作用，而赋予总商标以代表企业形象、保障产品品质的作用。

（5）无商标策略，可以不采用商标，如散装的油、盐、酱、醋及其他日用小商品。

（6）商标延伸使用策略，无论是单一商标使用策略还是多商标使用策略，在产品出现改良或者推出同一产品线上的新产品时，沿用已经获得成功的产品的商标，并做细小区分，不仅可以降低宣传成本，而且可以迅速传达品质信息，树立产品形象。

七、企业商标管理的法务需求

商标的日常使用及管理非常重要,企业应在日常经营活动中加强对商标的使用规范、商标有效性维护、商标的许可与被许可、商标使用证据及知名度证据的管理与保存等。

市场竞争日趋激烈,市场上主体很多,产品数不胜数,常会出现了假冒伪劣的问题。这就提出了一个商标管理和法务的需求。

现代社会里法务在对企业的商标维护及其维权上发挥了重要作用,主要表现在以下七个方面:一是帮助企业建立商标管理的制度及其流程。二是有效性维护和商标使用的证据留存。法务在生产经营活动中要保存好商标使用证据(例如宣传册、广告投放、合同、销售数据等)及知名度证据(例如荣誉证书、媒体报道、行业排名等),以便在需要时可以随时拿出知名度证据。三是提醒企业及时注册、变更、续展商标。四是指导企业正确宣传和使用商标。五是严把商标许可使用关。六是适时监测商标使用情况,并主张权利。七是做好商标维权,及时制止侵权和假冒行为。

侵权行为不仅会对企业产品的正常销售、市场份额造成严重影响,而且将损害企业辛苦积累的良好商誉。一旦发现他人侵犯企业商标权的行为时,第一,应当进行调查,收集证据,并通过证据保全等措施固定证据;第二,应当对所取得的证据进行分析、对比,确定是否构成侵权以及构成何种侵权行为;第三,应当通过签发警告函等方式的非诉讼途径制止侵权;第四,出具法律意见书;第五,代理企业商标非诉讼事项,如代为起草各种商标合同,办理各类商标申请、异议、争议和撤销等事项,受托对指定商标进行监测,并为企业提供监测报告,受托为企业购买或者出售注册商标,受托对质押商标权进行尽职调查,受托参与特许经营项目的谈判以及项目执行;五是代理行政投诉、民事诉讼以及仲裁事项;六是代理企业行政诉讼以及参与商标刑事诉讼。

八、法务参与管理商标的内容、职责及程序

企业商标管理内容:商标注册申请,商标转让与商标许可,商标侵权处理,商标日常管理,其他商标管理事项。

新商标注册工作:根据业务需要提出申请,由法务部门统一按有关法律程序办理,其他部门和个人无权办理商标注册。

商标注册前应做好保密工作,有关商标设计的图形、文字等资料不能向申请注册无关的部门或人员透露,防止泄密。

未经法务部门许可,任何单位不得将商标以任何形式转让或授权公司之外的他人使用。

商标及其使用权的转让,必须经过有关专家、专业部门进行资产评估,法务负责办理转让事宜,与受让方签订商标转让合同,按照规定报国家商标管理局备案。

企业对商标实行统一管理、分级规范的制度。

法务部门负责统一管理,主要职责:负责执行集团公司、股份公司的商标管理战略,制定并实施公司商标管理的规章制度;负责执行公司商标管理战略的具体实施,配合集团公司实施有关商标的注册、申请、续展、许可和保护等工作;指导公司相关部门及其所属单位的商标管理工作,定期指导、检查、督促;制定公司商标管理工作年度预算;统一管理商标的申请、续展、许可、

授权使用，批准商标使用许可申请；对未经授权使用公司管理商标的企业，积极与工商部门、司法部门联系，制止其违法侵权行为，维护公司的合法权益；负责商标资料的存档保管工作，包括商标注册证、商标续展、资料变更、商标使用许可合同、商标转让合同、商标撤销资料以及其他需要保留的资料；负责向上级部门报送与商标有关的材料；负责向全体员工宣传商标有关法规和知识，提高员工的商标保护意识；建立完备的档案和台账，记录商标注册、使用、许可、侵权处理的有关文件、图片资料，公司相关部门和所属单位建立相应的管理制度和档案资料。

第十五章 外聘社会律师的管理

一、法务工作多样化产生法务和社会律师的合作要求

法务工作多样化、需求多样化、市场多样化、专业知识多样化、处理方式多样化,这是一个趋势。

从管理角度讲,完善的法律治理结构是畅通指挥神经、做好合同和招标管理是基础。合规管理是永恒的主题,风险防控是法务工作的核心内容,规章制度的制定和审核,是内部控制的框架和法务日常的基础工作,这些都需要法务部门、专业部门的专业人员来处理。

对于这些日常工作、管理基础工作、与企业商务融合的工作,"不要完全指望外部社会律师",这是公司首席法务官经常跟公司律师讲的一句话。

从专业角度讲,企业的重组上市、企业的兼并和合作、股权结构的设立和变更、特殊的专利商标等知识产权,有更多、更精、更深的专业知识要求,需要有专门领域的社会律师来处理。

从国际业务讲,企业走出去,在国外投资设厂与国际接轨,就需要了解当地国家的法律政策、风俗习惯,这离不开熟悉当地国家法律和政策的社会律师的支持。

从国际诉讼角度讲,有专门的出庭社会律师,法务一般没有

这个资格。

从国内诉讼角度讲，特别是在一些重大的项目或诉讼案件过程中，外部社会律师的参与是十分必要的。

从法务队伍的建设角度讲，一些中小型企业，只有外聘的社会律师，而没有法务部或法务人员。这种情况，尽管近年来大有改善，但不尽如人意，法务队伍的规模和人员的素质还跟不上形势的发展和要求，主要依靠外部的力量。

从社会资源角度讲，法务人员作为企业的员工，在行业的小圈子里，相对比较封闭，社会关系少，人脉少，掌握的社会资源少，这是一个短板。社会律师恰恰相反，作为自由职业者，他们与社会上各类人打交道，在社会上练就一身本领，处理各种问题，脑袋灵活点子多，方法多样求实效，能多快好省地处理一些法律问题。

二、法务与社会律师的不同

法务与社会律师相同点是，他们都是法律服务者，但二者的区别却相当大。

法务与社会律师的不同点：

一是法务工作定位不同。法官、检察官、社会律师、法律学者等其他法律职业所在的机构不同，企业是一个经济组织，它不以法律为主业，这就决定了法务工作的目标与定位，法务不具备提供公共服务的法律职业伦理所要求的独立性。在欧洲，企业法律顾问与外部社会律师是界限明确的两个职业群体，企业法律顾问通常不具备社会律师执业资格。在 27 个欧盟国家中，有 19 个国家企业法律顾问不是社会律师协会的成员。欧盟法院在其 Noble

判例中认可这一理论。欧盟法院认为企业法律顾问与其服务的企业之间是雇佣关系，而外部社会律师相对于企业是客户关系。

二是管理体制不同。二者产生和存在的法律基础不同。律师的产生和其职业的基础，是根据《中华人民共和国律师法》的规定。《中华人民共和国律师法》第二条规定：本法所称律师，是指依法取得律师执业证书，为社会提供法律服务的执业人员。其身份有多种说法，总是脱离不了"法务者"，或者中国特色的法务者的身份。法务是根据行政规章《法律顾问暂行办法》产生的，是对企业员工的一个分类和职业的界定。

三是执业的准入不同。要想做律师，必须先参加全国律师资格考试，取得律师职业资格。从2002年起，要想做律师，必须先取得律师职业资格。法务参加全国法律顾问资格考试。两种资格的准入不同，其含金量和通用性也不同。首先，毋庸置疑，做律师，天下第一难考，首先得是法律本科毕业，才有报名参加考试的资格，参加考试，通过率不到三分之一。法律顾问考试相对简单一点，对专业性的要求，其他非法律专业本科毕业也可以参加，考试容易过关，但是随着改革的深化，法务体制的接轨，公司律师制度的建立，会趋同。其次，律师资格的通用性强，可以做律师，也可以当法务，而取得法律顾问资格，多在企业内从事法务工作，不能当律师，通用性差。再次，不少企业的法务工作人员，甚至包括总法律顾问的任用，对职业资格的强制性要求不高，规范性不够，大部分具有法律顾问资格，也有不少人没有学过法律，没有法律顾问资格，没有这方面的专业知识，作为一种安置性工作，或者享受总法律顾问待遇的安排，照样走上法务工作的道路，降低了准入的门槛。

四是服务的范围不同。律师的服务范围十分广泛,凡是社会生活中用得上律师的事务,律师都可以发挥作用。法务的工作相对单一和固定,单位固定,岗位固定,业务固定,任务固定。

五是历史使命不同。关于律师工作的立足点,有一种经典表述:"追求客户利益最大化。"这正是一项适合扮演"超我"角色、支配和指导律师工作的准则。看似抽象的教条,现实中却变化万端,蕴含着丰富的规则和技巧、弹性和尺度。法务的立足点,帮助企业贯彻落实法律法规,追求合规下的效率和效益,防范风险,为企业保驾护航。

六是法务工作范围不同。和其他法律职业特别是社会律师相比,法务的工作明显地可以划分为两类,一类是法律专业性工作,比如合同审查、案件处理、重大项目的法律支持、日常法律咨询等等,这一类工作和其他法律职业差别不大,需要具有法律专业的知识和技能;另一类是法务管理性工作,比如合同管理、合规管理、招标管理、风险防控管理以及法律管理模式体制的确定、法律信息系统建设等等,这一类工作主要是围绕着法务的管理性工作,需要企业管理方面的知识和技能。事实上由于外部社会律师存在,法律专业性的工作可以通过外聘社会律师来解决,而管理性工作的内部性、日常性决定了其只能由法务来实施,所以规模越大的企业、管理层级越高的企业,内部法务的管理性工作越多、越重要。

七是理念不同。社会律师工作的目标是"谋求客户利益",而非"满足客户要求"。这并非无意义的咬文嚼字。考虑到法务的专业性,客户寻求社会律师帮助前,未必有能力准确判断自身在法律层面的可期待利益,从而提出适当诉求。两相比较,外部社会律师在提供法律服务时候更具有独立性。可以说"不"，可以拒绝，可以甩手不干。法务在业务中，避免简单说"不"，更不可以拒绝，也没有退路。当企业的利益与社会律师职业规范所代表的公共利益发生冲突的时候，社会律师选择的空间比较大，而法务只能站在企业的角度，没有能力有效地维护公共利益。社会律师不熟悉企业的背景、历史、环境、经营条件，但法务作为企业的员工，对企业情况非常了解。

八是思维方式不同。法务的思维模式、知识结构要求不同。法务工作定位的支持性、从属性决定了法务思维模式和知识结构的复合型，作为企业的一员，向企业提供法律服务是有立场的，他不是业务的旁观者，而是当事人。要做好法务的工作，仅仅具有法律思维是远远不够的，还需要培养经济思维、管理思维，需要对法务工作的成本和收益、风险管控等因素进行综合分析，比如从法律角度看独立法人可以订立与其法律地位相适应的任何合同，但实际上大多数企业集团对下属企业签订例如担保之类高风险合同都有严格约束，不了解企业的运行规律就很难提供高质量的法律意见。提供法律服务综合性的思维模式当然会对法务的知识结构有更高的要求，需要法务具备基本的财务、市场和管理知识和技能。而对于法律管理性的工作，法律之外其他知识和经验就更为重要，在这个意义上"外行领导内行"有其存在的合理性，这也可以解释为什么我们常常见到非法律背景的法律管理者反而更活跃、更高效的原因。企业法律顾问职业资格考试取消了，但是它对企业法律顾问知识结构的设计反映了法务的内在要求。

三、法务与社会律师的分工与协作

对于法务部,与所聘请的外部社会律师进行有效合作,促进双方之间的良性沟通,是很有必要的。只有和外部社会律师齐心协力,法务部才能推进企业法律事项完成,并从法律角度促进企业安全经营、效率经营,才能显现其价值。良好的沟通与协作,离不开双方的相互理解、相互认知。

社会律师大多以最专业的个体和团队自居,但有点自说自话,不管是客户还是其他职业好像对社会律师并不感冒。这里由里及外的落差在于,社会律师的专业性不是自己说自己有多专业,而是要以实际行动和工作效果来证明。或者说,这种专业性的表现受工作方法和资源调度的影响很大,并且与社会律师最终的处理结果息息相关。社会律师和客户之间存在着较大的反差,如果不及时消除隔阂,社会律师的权威性就会受到质疑甚至挑战,客户的耐心也会丧失殆尽。

社会律师要将单纯的法律思维开始上升到商业思维,才能找到解决问题的命门。更具体地讲,对于社会律师来说,他必须熟悉自己所服务客户的行业,他越熟悉客户的产品和商业模式,就越能透彻理解客户的痛点,更好地提供符合客户目标的法律服务。

法务与社会律师的沟通,是法律专业人士之间的一种交流。共同的知识基础,共同的事项目标是他们之间沟通的有利条件;不同的工作地位,不同的事业特点,是他们之间沟通障碍的根源。

一般来说,法务与社会律师之间的日常沟通有三种模式:

第一种是法务占主导的模式。在这样的企业里,法务部无论对企业的熟悉程度，对信息的掌握广度，对管理者预期的了解程度，都是外部社会律师所无法比拟的。企业的法律决策，最后都是由法务总监做出的。社会律师的意见，只是作为参考或者作为法务总监意见的一部分。这种由法务总监占主导地位的沟通，效率高、成本低。然而，它是要求具备一定的前提的，即法务总监本人较为强势，得到企业管理层的充分信任和支持。

第二种是外部社会律师占主导的模式。由于历史的某些原因或法务部力量的薄弱，外部社会律师在提供法律服务的过程中，得到了企业老板或管理高层的信任，他们认为社会律师比法务更加让人信服。在重大事项上，企业高层常以外部社会律师意见为准。这会使得法务人员变得十分尴尬。在这种局面下，法务与外部社会律师的沟通，有可能变得困难重重。法务总监无法支配外部社会律师的法律服务活动，外部社会律师无须向法务部负责。其实，这种情况并不少见。如何改变这种现状？一是提升法务人员在管理层心目中的地位，二是要求企业高层授权法务统一管理外部社会律师。

第三种是以任务为中心，法务与社会律师平行合作的模式。在这样的沟通环境下，法务与社会律师的关注点，不再是谁为中心的问题，而是共同面向任务，以解决问题为中心。如前所述，在定位上，法务人员是社会律师的客户，法务应是信息的发布者、行动的指示者、意见的决策者。但在实践中，外部社会律师由于主、客观的因素，可能在沟通中处于强势，变成信息与行动的主管者。这种模式下的沟通，是法务总监部不愿意看到的。于是，转变成以任务为中心，平等对话的模式，就成为法务总监的必然之选。因为，唯有如此，才能体现法务价值，促进法务与社会律师的有效沟通。

以任务为中心的沟通模式,最能体现法务与社会律师的协作关系。法务要克服某些情况下的社会律师主导模式的缺陷,以协作的心态保持与社会律师的平等合作。

法务人员与外部社会律师的协作的目的在于,弥补双方沟通不足的缺陷,提高双方为企业提供法律服务水平。理想化的情况下,为达到这一共同的目标,法务与社会律师的协作方式应该是:在各自擅长的领域,发挥各自优势,并定期进行交流。

法务人员属于企业一员,站在企业战略实施的角度思考问题,能参与企业高层的重大决策,对企业法律风险以事前防范为主,擅长预防性和日常性的法务。外部社会律师不参与企业管理,更多情况下充当"消防员"的角色,对企业法律风险以事后救济为主,擅长做应急性和例外性的法务工作。

法务与社会律师的任务分工原则上按其各自擅长领域进行,但为提高双方的沟通效果,可让外部社会律师向法务人员就诉讼案件、危机处理、特殊领域内的并购等方面内容进行讲解和培训,法务人员可向外部社会律师就企业合同审核、流程管理、战略实施等方面内容进行讲解和培训。这无疑会促进双方的协作,达到双方均能提高法律服务水平的作用。

四、企业对外部社会律师的工作要求

企业外聘社会律师,是基于以下要求来考虑的:

一是涉及社会关系复杂的问题,寻求资源型社会律师,资源型社会律师具有各种复杂的社会关系和资源,能搞定和解决问题。

二是涉及保密与合作性的问题，寻求勾兑型社会律师，勾兑型社会律师具有多年的执业经历，形成自己相对固定的司法圈子和人脉关系，利用这个圈子和人脉关系让自己的案件和当事人逢凶化吉。

三是涉及专业技术性强的问题，寻求技术型社会律师，技术型社会律师会认真研究法律，在专业上下功夫，在企业重组、上市、金融、国际合作等领域发挥重要作用。

不管出于什么需求？对外聘社会律师来讲，法律意见能被接受是他们价值的重要体现。

五、企业法务对外聘社会律师的期望

法务部在选择外部社会律师时，其法律知识与技能固然很重要。但具有专业知识与经验的社会律师很多，真正被客户大为赞许的却很少。这是因为，很多外聘社会律师不了解企业的运转，不熟悉法务部的工作特点，不熟悉法务的职业特点，仅会从法律角度提出问题。要获得法务人员的认可，必须知道法务人员到底希望社会律师做哪些、怎么做、何时做。那么，法务人员对社会律师的期望有哪些呢？

第一，希望外部社会律师了解企业所处的行业及商业模式。认识商业模式、行业特点，能帮助法务人员提出体系性的风险防范或应对措施，而不是仅限于单个的委托事项。

第二，理解委托事项的商业目标，立足解决具体问题。了解行业和商业模式，是从宏观和长远的角度进行考虑的；理解商业目标，是从微观和当下的角度进行考虑的。

第三，快速做出工作成果并及时进行更新。有创造性的处理方式，同时也能满足商务上需求的法律意见，才是法务所希望看到的。

第四，在一些没有明确定论的场合，外部社会律师能出具独立的专业判断。社会律师常说"鉴于目前证据掌握不充分、信息不全面"等术语，这种意见让人无所适从，只适合做法律理论分析，对于商业决策没有任何参考价值。商业决策本来就是处于信息不全面的情况下做出的。

第五，外部社会律师要基于长期合作关系来进行合作。长期合作关系，能使得双方的沟通更通畅。在保持长期合作关系下，外部社会律师更能遵守职业道德，更加勤勉，而这正是法务总监希望看到的。

六、外聘社会律师管理

对于法务而言，如何与外部社会律师更好地合作似乎是一个永恒的话题。企业达成商业目标与内部法务和外部社会律师的紧密合作是密不可分的。法务如何与外部社会律师沟通、合作并对其进行管理，天同律师事务所曹茜律师提出了很好的观点。

第一，确定外部社会律师需求。

首先，找准合作时机。随着公司的发展，其对法律服务的需求不断增长。尤其当企业面临 IPO 上市、债务融资、资产证券化等重大事项、重大投资决策以及必须通过诉讼、仲裁解决的重大法律纠纷时，往往意味着法务们应当着手寻找合适的外部社会律师，适时提出外聘社会律师需求可以更快更好地完成工作目标。

其次，确定需求内容。法务可以根据公司业务需要对哪些事项要交由外部社会律师解决，哪些事项由企业内部法务部门完成。确定需求，进行分工，使外部社会律师更明确地知晓企业需求，同时合理的配置分工可以使工作更加高效，内部法务与外部社会律师更能各自发挥所长。

第二，选择外部社会律师。

首先，建立社会律师库。优秀的法务应当通过长期的调研和积累，尽早地建立外部社会律师库，以备企业业务发展过程中的不时之需。在建立外部社会律师库时，不仅要依据社会律师及律师事务所的宣传资料进行初筛，更要花心思去丰富社会律师库的考核数据，关注社会律师及律师事务所在相关业务领域下是否有所专长、社会律师及律所办理案件的胜诉率、业务流程及管理流程是否规范等方面，甚至可以适时地和目标外部社会律师见上一面，更直观地了解其业务能力。

其次，选择律所及社会律师。在选择外部社会律师时，法务一定要在社会律师及其所在律所两个层面都给予足够的关注。律师事务所在行业内的信誉如何、对于涉及的业务领域是否有所专长等都是法务们在进行选择时必须考虑的因素。同时，更要关注是真正为企业提供服务的主办社会律师是否具备过硬的业务能力、协调沟通能力和良好的社会关系等。

最后，确定合作方式与费用。外部社会律师的工作不仅是单纯解决纠纷，有时还会介入决策工作，帮助企业事先进行风险防范。根据不同的法律服务需求，有着不同合作方式和计费标准。常见的合作方式有常年法律顾问、风险管理、临时代理等。企业经营性事务往往会选择聘用常年法律顾问解决，诉讼及仲裁案件中很多企业选择了风险代理的合作方式,针对某一特定项目的法律服务也有企业选择计时收费或是定额付费的临时代理服务,法务要避免片面追求低价而使企业面临承受更大损失的风险,高效专业的服务与相匹配的合理收费才能真正实现企业与外部社会律师的共赢。

第三,建立沟通机制。

一是准确传达委托事项。法务在沟通中承担的一个很重要的角色是在企业惯用的商业语言和社会律师熟悉的法言法语之间进行转换,将企业的商业目标清晰准确地向外部社会律师传达,使外部社会律师真正明白企业的需求所在进而达成共识。双方一定要有明确的对接人及沟通方式,对业务中的各项进展及时分享与沟通。良好的沟通机制还可以使外部社会律师知悉企业的决策流程,更好地选择法律服务方案,增强与法务之间的相互理解与信任。

二是调整预期目标。企业与外部社会律师的良好合作离不开法务从中调和,由于企业和外部社会律师站在不同的角度,双方对于最终目标的预期有时可能会产生偏差,因此法务要站在专业的角度,一方面充分了解企业内部相关部门的立场及期望,另一方面了解外部社会律师给出的方案背后的原因及可行性,及时调整双方对案件走向的预期,避免不合实际的过高预期,同时也应避免因过度保守而使企业错失机遇。

三是避免偏差。可以灵活地采用各种通讯方式提高沟通的效率,但重要事项的沟通通常会通过邮件方式进行,在每次邮件往来中尤其需注意邮件主题简明扼要、命名有规可循,为日后复查提供便利。建议法务可以将双方沟通内容及时通过邮件予以总结和确认,并向相关成员及时抄送或转发,使其得以全面了解案件进程，以防对方遗忘或因语意理解有偏差产生损失。

第四，建立管理机制。

效率管理。时间就是金钱，在法律服务中通过法务前置工作的完成及合理的分工可以使效率显著提升，同时法务可以通过存档等方式不断积累案件经验，加快同类案件办理速度。此外，法务团队内部报告审批层级应尽量简化，迅速形成统一意见从而避免贻误。

质量管理。法务要针对外部社会律师的服务进行管理，法务从专业人员的角度更能清晰地评价外部社会律师对于委托事务的完成质量以及外部社会律师对于委托事务是否专业精通，及时督促与沟通，达成企业预期目标。

第五，建立考核机制。

是否勤勉尽责。一名勤勉的外部社会律师要做到急人之所急，防患于未然。当法务提出法律问题时，不仅只解决企业现有的燃眉之急，更要根据经验帮助企业规避未来可能出现的风险。外部社会律师对所托事务的完成质量需要法务认真记录考核，建立合理的考核机制，及时对社会律师工作进行评价。

对委托事务是否精通。大型项目中企业通常会聘请外部社会律师，而这些复杂交易往往涉及多个法律领域甚至诸多行业知识，法务作为专业人员在发现外部社会律师不能全面地解答问题或针对具体问题回答得含糊其词时就要警惕了。在一些涉外案件中，外部社会律师是否精通英语，是否熟悉相应的外国法律法规，都是重要的考核标准。

办理结果是否达到预期目标。无论外部社会律师多么地尽心尽力，最终的考核还是不免倾向于以结果为导向。一名合格的外部社会律师懂得如何对案件结果进行合理预期。法务在完成内部意见和外部社会律师目标的统一后,外部社会律师是否达成了目标自然是重要的衡量标准。

是否存在损害企业利益的行为。在法律服务过程中,社会律师与企业结成了利益共同体,法务要考量外部社会律师是否通过法律服务实现了法律风险最小化及企业利益最大化,且发现存在损害企业利益的行为时要及时制止。

相关材料提交情况。外部社会律师对材料提交情况也是非常重要的考核标准,完整的材料不仅帮助法务在报告及归档时省去很多麻烦,更是体现了社会律师的专业素养及工作态度,甚至社会律师的法律逻辑是否清晰也可从中寻找出端倪。取得良好的考核结果也有赖于社会律师工作报告是否详细记录了社会律师具体工作事项及工作成效,企业及法务据此可以更准确地给出评价。

第四部分
法务管理的未来展望

第十六章 创新、未来和比较管理

一、创新管理的含义和内容

熊彼特认为,"创新"就是把生产要素和生产条件的新组合引入生产体系,即"建立一种新的生产函数",其目的是为了获取潜在的利润。创新包括五个方面:开发一种新产品、使用一种新技术、采用一种新材料、开发一个新市场和采用一种新的组织方式。

创新管理有三种互有联系的不同含义:一是管理的创新,二是对创新活动的管理,三是创新型管理。创新型管理不同于守旧型管理,它把创新体现在管理过程中,而且要求整个组织和成员是创新型的。创新管理的趋势是由单项创新到综合创新(全方位创新),由个人创新转向群体创新。

对创新管理这一概念可从以下四个方面进行理解:一是创新管理是对管理观念和机制的改革。创新需要管理者树立全方位创新理念,建立创新激励机制。创新是组织发展壮大的强大动力,建立创新激励机制至关重要。任何工作岗位都需要创新,也存在创新的可能,不管该岗位是多么的平凡。二是创新管理是组织存在方式的变革。组织创新必须以系统开放为前提,倡导学习和提升个人工作技能。三是创新管理需要进行资源重新配置。实施创新管理，企业在资源配置上就要有所倾斜。创造本身就需要投入，尤其产品创新和技术创新更需要大量投入，同时建立创新激励机制也需要投入。四是创新管理需要持续学习能力的支持。创新管理需要组织提高持续学习能力。要提高组织持续发展能力，就要加强创新方面的训练，提升创新技能。

创新管理的内容包括目标创新、技术创新、制度创新。其中制度创新是从社会经济角度来分析企业组织中各成员间的正式关系的调整和变革。制度是组织运行方式的原则规定。企业制度主要包括产权制度、经营制度和管理制度三个方面的内容。

二、未来管理与管理现代化

未来管理的影响因素与发展方向：未来管理的思想基础，科学合理地利用与组合资源，高质量地达到现在与未来的发展目标，是人类社会共同的期望。尊重历史、管好今天、预测明天是科学管理的基本原则。

未来管理的思想基础有三点：第一，未来和今天的相似性。按照这种观点，认为现在是过去的延续，未来也是今天的延续。第二，未来和现在存在着差异。唯一合理的假设是未来的市场、人口结构、科技、金融、竞争对手，都将和以前不同。这些假设包括对事业本身、它的优势、能力、价值观、弱点、竞争对手、市场、创新、科技等应有特殊的看法。第三，现在与未来之间存在着某种变动趋势。这种变动趋势是正在发生的，但还没有产生全面冲击的变动。杜拉克（AudiobookPeterDrucker，1909—2005年）称此为"远眺窗外"。

未来管理的影响因素、管理是时代的产物,什么样的时代决定了会有什么样的管理。对应组织环境、组织目的、管理主体和管理客体这四个要素,从宏观到微观,再结合当前的时代,以下七个因素将会影响企业未来的管理:一是经济发展全球化;二是信息互联网;三是不断整合的行业演变;特别是虚拟组织模式被大量采用,跨行业的整合变得越来越多,行业间的边缘区域和交叉点正在成为多行业企业合作的下一个"蓝海";四是日益复杂和脆弱的经营环境;五是社会责任,企业要有社会责任感;六是信息管理的普及,已经出现了信息管理向知识信息管理演进的发展趋势;七是可持续发展管理的出现。

变革管理、知识信息管理和创新管理都因变革本身而来,而知识信息管理是知识经济时代的基本管理手段,创新管理正是因前两者而应运而生的。观念转变与方法开发如果在组织、流程、营销等方面没有切实的支撑,便无从建立未来的企业。

三、未来法务

陶光辉在《法律如何制胜于未来》一文中说:"每一位法务人,在技术革新和管理动荡的双重冲击下,都需要思考未来如何制胜。"对于法务人来说,已不能再依靠程序性、重复性的法律事务处理谋生,裹足于简单、标准的法律事务中,只会让法务人员最终失业。因为这些工作,终将被机器代替。

法律服务市场正处于大变革之中。律师、法官、仲裁员,法务等法律人的工作方式都已在或多或少或快或慢地发生改变。未来的企业法务会发生什么样的改变,取决于目前驱动法务群体前行的诸多因素。

1. 未来法务的驱动因素

首先，是精益管理的需求。未来的企业竞争，不再是某一特定资源的竞争，也不是某一个特殊能力的竞争，而是全方位、多领域、生态化的竞争。这种竞争带来的企业内部管理变化，便是要求精益创新、精益管理。这种管理模式要求企业每个职能都协同起来，发挥出最大的价值。"极致"是互联网时代的一种典型思维。只有极致，才能把某个企业在客户群中区分出来，才能赢得竞争。法务作为企业的一项职能，同样要做到极致。然而，法务部和其他职能部门一样，资源有限，预算有限。如何以有限的资源，完成极致的工作，是驱动未来法务人转变工作方式的第一要素。这也即是理查德·萨斯坎德提出的"事多钱少"所带来的挑战。

其次，是人才组织的变化。互联网时代，个人和组织的关系在重新被定义。旧时的个人对组织的从属、忠诚观念，越来越受到挑战。90后逐渐成为企业的骨干，年轻人不再满足于依附于某个组织。这种人才理念的变化，事实上已得到验证。现在的年轻法务，其服务于一家公司的工龄越来越短。美国最大的职业社交网站LinkedIn领英的联合创始人里德·霍夫曼等在其新著《联盟》中指出，未来职业成功的秘诀是：组织与个人的关系由以前的商业交易转为互惠关系。联盟是一种全新的人才机制。在这种因素的驱动下，未来法务人之间组建联盟，协同发展也是一种趋势。

最后，是信息技术的进步。法律职业工作，从某种角度来看，其本质是一种对信息的收集和处理过程。信息技术无处不在。从电子邮件的使用、法律条文与判例的可快速检索，到网站与博客的普及、法律论坛的运用;从微博与微信公众号的流行,到法律大数据、人工智能(AI)的发展,每一次技术的进步,法律人的工作方式都会随之发生改变。法律职业,包括法务工作,面临的最大挑战之一便是如何更早地采纳新的信息技术系统,更快地发现和抓住新兴技术带来的机遇。这里的机遇包括如何将现有、低效的人工处理过程计算机化、流程化。

2. 未来法务的制胜策略

未来法务要在不确定的复杂商业环境下赢得企业的认可,必须解决好上述驱动因素所带来的挑战。精益管理,带来的要求是法务要切实深入业务,而不能再泛泛而谈。组织人际观念的变化,带来的变化是要求不同企业的法务必须协作起来,而不能再犹如一盘散沙一样运行。信息技术的发展,带来的要求是法务人员必须快速地学会、利用新技术。加强业务协作与利用新技术的目标其实是一致的,那便是如何更精准、更有效、更低成本地提供企业内部法律服务。这也是未来法务人的制胜策略。

在思维方式上,未来法务人要学会和运用互联网新思维,重点是用户思维、简约思维和服务思维。用户思维是强调倾听客户心声并加强与客户的交互,打破部门之间的疆界。秉承该思维方式的法务人员,应视自身为业务部门的一员,从业务角度来考虑法律问题。简约思维要求法务提供专注和简单的法律服务,致力于解决问题,而不仅是提出问题。服务思维是强调提供惊喜服务并给客户非凡的客户体验。在与企业领导沟通时,法务人员如果能以一张可视化的图表将一件复杂的法律事项表达出来,无疑会获得领导的好评,从而创造了良好的"客户体验"。

在人才组织上,未来法务人要学会共享知识与经验,通过联盟的方式，降低法务成本。目前，大部分同行法务可能都在从事类似的工作。有些事务，对于某些企业法务来说，可能轻车熟路，不费吹灰之力，但对另一些企业法务，却得重新开始学习、体会，最后效果可能也不大理想。有些企业好的合同文本，被视为企业的商业秘密，可事实上这些文本并不能实际创造商业价值或成为阻挡对手的工具，要能拿出来作为范本分享，甚至被同行予以进一步优化，那么涉及相关行业的整个合同水平将得到提高，从而有益于全部的相关法务人员。如果未来在法务人之间可以建立开放的联盟自组织平台（对外则是封闭的），由法务人来主动分享专业知识、经验与文本，那么企业内部的法律服务成本无疑会整体降下来。事实上，类似的联盟平台已出现在其他专业知识工作者群体中。可以看出来，这种能产生协同效应的联盟，是完全既符合新的人才机制理念的。

在技术利用上，未来法务要密切关注新的信息技术。现在法务人员已离不开电脑、手机、电子邮件、社交网络、视频会议等。这些技术让法务人员随时在线沟通。在智能化理念的推动下，新的技术运用层出不穷。如智能法律检索技术，对于处理堆积如山的文件，其效率之高、速度之快，令人咋舌。又如文件自动组装技术，能在几分钟之内将一份事先设计好的交易文件在线生成，使得完全不懂法律的外行能快速拿到一份基本可用的法律文档。再如法律大数据技术。通过分析数万份类似裁决文本，可以预测案件结果；通过收集海量商业合同，可以了解某一行业可能面临的最大法律风险。因此，理查德·萨斯坎德预言，大数据对法律意义深远。更重要的是，法律大数据的颠覆性在于重要的法律见解，在将来法律见解可能不是来自法律人士，而是来自大数据分析师。

还有其他很多新的技术运用。法务人通过这些新技术,将从标准化、流程化的工作解放出来,从而能将精力放到那些复杂的、需要综合运用法务经验的事务当中。法务人必须成为增强型的企业实务专家。未来的法务人,不仅是法律专家,更多的是企业法律问题解决专家、企业管理推动执行者。未来的法务必须具备跨学科、复合型的知识,能将最新的信息技术和工具运用于法务部,或自身即成为新技术专家,为企业主动搭建法律技术应用场景。

法务不同阶段对比和未来展望:

一是初级层次:防范风险、处理风险的救火队。

(1)解答法律咨询;

(2)起草、审核公司法律文件、业务合同;

(3)处理公司的诉讼仲裁事务;

(4)及时有效进行法律跟踪。

二是中级层次:防范风险、化解风险、参与管理的保健医生。

(1)进行法律培训;

(2)参与商务谈判;

(3)有效参与和协助提升公司管理(业务制度流程规范化);

(4)及时有效进行法律问题研究;

(5)有效管理外聘律师事务所的工作;

(6)有效参与公司涉外业务。

三是高级层次:风险管理、参与管理、创造价值的全能法律高手。

(1)参与设计商务方案和参与确定谈判策略;

(2)全面管理公司知识产权事务并以此为公司创造价值增值;

(3)对具法律创新性的商务方案进行法律可行性判断和预测;

（4）进行前瞻性法律立法研究和分析预测；

（5）全面、高效率、低成本的管理外聘律师事务所的工作；

（6）协助建立公司与司法和政府监管部门的公共关系；

（7）全面介入和有效提升公司诚信化管理；

（8）协助提升公司治理（权力控制层决策制度流程规范化）；

（9）为公司国际化竞争提供快速可靠的法律服务。

四是超级层次：全能型法律大师。

（1）协助建立公司与国内司法、政府监管部门以及国际性的法律和有关专业权威机构的密切关系；

（2）全面经营管理公司知识产权事务并以此为公司创造收入；

（3）有效参与和提升公司治理；

（4）为公司全球化竞争提供高效优质的法律服务；

（5）参与并影响行业立法和相关立法。

五是实现公司治理法治化。

借鉴国外先进经验设立：公司秘书制度；总法律顾问出任公司副总裁以合理提高法律部地位；由董事会制定公司法制化管理原则和遵纪守法政策并每年检查评估其实施情况；制订细化的公司章程。

笔者在其专著《企业法务大趋势》中对未来公司律师和法务有以下预测：

（1）公司律师兴则公司兴，公司兴则国家兴；

（2）法务管理学将成为一门新兴的管理学科；

（3）企业内的法律顾问向公司律师接轨；

（4）法务价值的提升；

（5）法律顾问将进入公司核心管理层；

(6)未来需要高端公司律师人才;

(7)中国法务发展的专业化、规模化和品牌化;

(8)党领导下的国企特色法人治理结构;

(9)合规是永恒的主题;

(10)风险防控是目标;

(11)新生业务,行业垄断和市场竞争是最难处理的法律课题;

(12)"创造价值"彰显法务的终极追求;

(13)"E法务"时代的春天来了;

(14)电商平台,互联网化的法律服务方式转变;

(15)电子化招标;

(16)合同信息化管理;

(17)大数据催生智能交易。

四、比较管理的概念

比较管理,就是通过管理理论及实践产生的文化背景、政治经济、法律环境、行业特点等,进行跨文化、跨国度的系统研究,以探求具有普遍意义的管理原理及规律,从而实现管理创新,找到适合本国、本企业的现代管理方法。

比较管理旨在探索更一般的管理模式和普遍适应于各国的管理理论。在企业中具体表现为四个方面:一是对各企业的成长和发展历程进行比较分析;二是总结各企业成功或失败的管理经验;三是研究企业中存在的各种因素对管理的影响;四是得到适合各企业管理的一般模式。

比较管理研究,古已有之,历史上有个典故。魏文王问名医扁鹊："你们家兄弟三人，都精于医术，到底哪一位最好呢？"扁鹊答："长兄最好，中兄次之，我最差。"文王再问："那么，为什么你最出名呢？"扁鹊答:"长兄治病，是治病于病情发作之前。由于一般人不知道他事先能铲除病因，所以他的名气无法传出去。中兄治病，是治病于病情初起时。一般人以为他只能治轻微的小病，所以他的名气只及本乡里。而我是治病于病情严重之时。一般人都看到我在经脉上穿针管放血，在皮肤上敷药等大手术，所以以为我的医术高明，名气因此响遍全国。"

这个故事寓意深刻,也刚好说明了法务的事前预防、事中监控、事后补救的三步骤。

事前预控型，主要是法务人员做好各项法律风险预控工作。

事中监控型，主要是指法务人员能在日常管理过程中能及时跟踪、监控各项法律风险的状况并适时纠偏。

事后补救型，主要指问题发生后进行的补救管控模式。在法务管理实践中主要就是主动或被动地进行诉讼、仲裁，通过司法途径解决问题，通常是最后的救济措施。

五、法务比较管理的方法和内容

法务比较管理的方法有四种。

一是数字比较法。一组数字比较，说明了企业风险资金的系数。2015年地方各级人民法院受理案件1951.1万件，审结、执结1671.4万件，结案标的额4万亿元。

2015年"国内生产总值达到67.7万亿元，增长6.9%"。

上述数据表明：国人一年干了67.7万亿的活儿，地方各级法院结了4万亿的案子。全国经济总量中约有5.92%（4除以67.7）是经历了诉讼的。共计约5.92%的资金及资产脱离了正常的使用用途，对企业和个人而言，如果一个案件最少估算平均耗时三个月，则涉案资金及资产在至少25%的时间里处于诉讼冷冻状态，无法正常使用，价值损耗和机会损耗触目惊心。

二是比喻对比法。中国政法大学教授许身健应邀到葡萄牙里斯本大学法学院讲学时说道，如果拿车做比喻，德国律师就像奔驰。这车豪华、昂贵、气宇轩昂，是车中贵族，速度快，安全性高，当然，体积及重量都很大，需要宽阔路面，对燃油质量要求高，日常的保养以及修理所需价格不菲，这是一般家庭难以承受的。德国制造举世卓著，其产品以精密可靠而著称，这和德国人严谨、理性的民族性格是分不开的，德国人以严谨和一丝不苟著称，据说德国家庭主妇做饭时用天平称量调料。德国人拥有较强质量意识，正如西门子所言，德国产品质量精良，"靠的是工作态度，是对每一个细节的重视。企业员工承担着要生产一流质量的产品的义务"。假如将律师比作一种产品，德国律师显然是奔驰这样的优质产品。首先，法学院的生源很好，读法学的一般是聪明伶俐的孩子，读法学院期间，有一次分流考试，没有通过考试的只能转入其他专业学习。毕业之后，法科生要准备难度极大的司法考试，通过考试的幸运儿要在司法研修院内接受职业教育，经过两年严格的职业训练，一个如奔驰一般可靠、职业素养一流的律师便产生了。

美国律师是大众捷达，质量可靠而皮实耐用。捷达是中国走入汽车时代后最普及的车型，口碑不错。作为代步工具的捷达有很大优势，一度满大街都是捷达。据统计，美国律师在百万人以上，为什么美国有这么多律师，依照人类学家索比所说："美国人敬畏法律，但又常常厌恶法律。他们害怕法律，但同时又要寻求法律的保护。在这个技巧、资源、操纵和欺骗的游戏中，事实上所有的被访者都同意在法律交锋中可利用的至关重要的、事关成败的资源就是律师。不管一个人多么有能力，不管他多么有经验和有知识，都不得不承认与律师相比他们只是业余水平。这样，律师就代表了在法律游戏中的职业游戏者。"正是由于美国人在生活中维护自身权利已经离不开律师，这样，美国人就像依赖寻常代步工具捷达一样依靠如过江之鲫的律师，律师充斥于美国人的生活中。

中国律师是拖拉机，拖拉机是扭力大、速度低的行走牵引机械，它能牵引不同的农具进行耕地、播种、收割等，它功能多样，适应性强。拖拉机这个比喻也许会令律师朋友不悦。实际上这是对中国律师的赞扬而非贬低。改革开放后，律师制度得以重建并快速发展。30多年的法治建设已经取得巨大成就，但毋庸讳言，转型社会中由于利益分化，价值观念趋于多元，各种纠纷层出不穷。与此同时，社会管理及经济发展中涉及的法律问题越来越复杂，需要律师大展身手之处也越来越多。也应当看到，法治环境尚有待健全，就像春天的道路，尽管大地回春、生机盎然，但解冻后的道路有些泥泞，在这种情况下，奔驰、捷达在如此路况下很容易水土不服，难以施展身手，而拖拉机却可以大显身手。因此，尽管律师业不像国外那样专业分工明晰，多数律师同时在多个领域执业，这就像拖拉机作为牵引动力是生产中的多面手一样如出一辙。

法律顾问资格与公司律师资格的比较：第一，法律顾问资格存在顶层设计不完善,企业法律顾问的权利、义务等得不到法律层面的保护,国家相关政策落实存在困难。第二,由于社会认知不足,缺乏相应的激励保障机制,企业法律顾问不能像公司律师一样,相对自由顺畅地转换为社会律师,导致企业法律顾问从业人数不足。第三,相对于社会律师来说,企业法律顾问资格证书的含金量和认可度均较低,且缺乏社会律师享有的传统法律人的专业业务资源获取渠道。

公司律师在一定程度上弥补了企业法律顾问制度的不足。首先,公司律师是社会律师的一种,社会律师既有国家法律的认可,又有全国性行业协会的管理,从制度层面来说比较完善。公司律师虽然在劳动关系管理上隶属公司,但在法律业务管理上类似于律师事务所,可以直接接受司法行政机关和社会律师协会的管理和业务指导。其次,虽然社会律师的准入门槛较高,但是从业人数却与企业法律顾问相差不大,且对外交流渠道较多,获得与整个法律界沟通的平台相对宽广,更容易形成扎实的专业功底,更能够在法律专业与企业管理间进行合理平衡,更好地应对企业复杂的法务工作,因此更受社会,尤其是公司的认可和青睐。同时,公司律师可以无障碍地实现向社会律师身份的转换,享受更多的行业特权,如刑事调查取证权、阅卷权、会见权,在处理诉讼中独具优势,业务开展幅度更广。

三是业务性质对比法。如社会律师和法务定位对比。国家法务者,半个法律人;社会法务者,法律顾问;民权的代表者,参谋助手;自由职业者,企业员工;中介服务者,健康师、卫道士、看门狗、守夜人;谋生赚钱的职业,业务管理人员。

社会律师和法务职业环境对比。如社会律师和法务面临的困境对比：

政治上的困境：不被信任，企业法律意识低，不被重视；

刑辩上的困境：辩护无用，没有形成职能制，参谋顾问；

行诉上的困境：公权对立，重业绩，轻合规，轻视法务；

民商上的困境：勾兑司法总法务官履职难：地位不高；

法理上的困境：老鼠理论法律强制性不够：不依法也能办成事；

经济上的困境：二八理论法务费用投资低：保障不够；

风险上的困境：安全危机法务人员背黑锅：影响效率；

伦理上的困境：劣化选择职能部门融合差：单打独斗；

信誉上的困境：真相难明法制文化未形成：群众基础差。

四是系统对比法。对某一项工作全方位、深层次对比，提出系统的工作思路和方法，下面以合同管理为例进行对比：

（1）合同管理的流程定位对比，确定合同管理的职能和业务流程，融入生产经营的平台。

（2）对合同管理的管理层次、内容、定位、风险度、工作难度、管理界面进行对比，理清工作思路。

（3）功能和目标比较。

（4）分析业务集中度、提出工作方式和管理方式及层次要求。

（5）分析比较合同管理内容、管理方式、管理界面、管理人员。

（6）通过上面的比较分析，提出全面的合同管理体系和工作内容及工作方式。这样的方法比较客观、直观、分析说理强、逻辑清晰、定位明确、方法科学，方案明了直接，容易被管理层接受，被合同管理人员自觉运用。

六、学习培训方法

英国社会律师学院对我国社会律师培训体制的启示。学员在英国社会律师学院学习的关键技巧有：

案例研究的技巧：法律研究，能提高学员运用书面材料和电子法律资源进行研究的能力，使学员知道到何处去寻找法律问题的答案；研究事实问题，使学员将一系列事实问题按恰当的顺序进行排列并确定其中的关键所在。

写作技巧：就复杂的现实问题出具书面法律意见；起草各种法律文书。

人际关系的技巧：会议的技巧，掌握与非专业的客户和事务社会律师进行有效讨论的技巧。

谈判技巧，代理客户与对方社会律师达成满意的协议；

辩论技巧，在各种审裁处有效地代理案件，使用辩论、质询、交叉询问证人等有说服力的辩论；

参加案件的审理工作，参观各层级的法院；

邀请法律界的知名人士到学院演讲；

参加法律服务中心的工作，在事务社会律师的指导下为公众提供免费的法律服务。

参考文献

1. 秦成德：《电子商务法律与实务》，人民邮电出版社 2008 年版。
2. 牛国良：《企业制度与公司治理》，清华大学出版社 2008 版。
3. 中国人民大学律师学院组编：《企业法律风险管理律师实务》，法律出版社 2014 版。
4. 叶小忠：《中国企业法务观察》，法律出版社 2018 版。
5. 陶光辉：《公司法务部》，法律出版社 2016 年版。
6. 陶光辉：《法务之道》，中国法制出版社 2019 年版。
7. 尹云霞 赵何璇 周梦媛：《中国企业合规管理调研报告》，《中国企业法务观察》，法律出版社 2018 版第四辑。
8. 薛军、任启明、周辉：《中国企业合规管理调研报告》，《中国企业法务观察》，法律出版社 2015 版第二辑。
9. 周蕾：《传统企业法务管理的大数据路径》，《法人》2016 年第 11 期。
10. 郭建军：《首席法务官，企业的守夜人》，《法人》2015 年第 9 期。
11. 健君：《合规风险管理不得不防的十大认识陷阱》，《法人》2016 年第 6 期。

12. 郭建军：《公司首席法务官的老本行与他的七张新面孔》，《法人》2014 年第 12 期。

13. 马莹莹整理：《西门子，合规管理成就百年老店》，载于中国石油新闻中心，2014 年 7 月 2 日。

14. 袁菲：《公司法务如何与外部律师高效沟通》，文章来源于公众号：无讼法务，2016 年 8 月 16 日。

15. 史润华：《上下同欲者胜，律师团队与专业化的建设和管理》律师来稿，投稿刊发，2016 年 8 月 11 日。

16. 王佳红：《律师如何进行开庭的精细化管理》，无讼阅读，2016 年 1 月 14 日。

17. 李迎春、来佳琪：《企业法律顾问的价值，从防范风险到创造价值》，中国律师网，2016 年 4 月。

18. 宋柳平、王涛、叶小忠：《法务管理与合规管理》，来源：涛哥法律评论，发表于搜狐网，2017 年 3 月 30 日。

19. 廉颖婷：《企业法律顾问十余年发展成绩与问题并存》，《法制日报》法制网，2014 年。

20. 景升平：《走近合规管理洞察数据背后的管理真相》，搜狐网，2016 年 11 月 9 日。